El SERVICIO
LLAMADO DE TODO CRISTIANO

DARROW
L. MILLER

EDITORIAL
JUCUM

P.O. B0X 1138 TYLER, TX 75710-1138

Editorial JUCUM forma parte de Juventud con una Misión, una organización de carácter internacional. Si desea recibir gratuitamente un catálogo de libros y materiales contáctese con:

Editorial JUCUM
P.O. Box 1138 Tyler, Texas 75710
(903) 882–4725 ó (800) 922–2143
www.editorialjucum.com

El servicio: Llamado de todo cristiano

Publicado por Editorial JUCUM
P.O.BOX 1138, Tyler, TX 75710-1138 U.S.A

Título original: *Servanthood: The Calling of Every Christian*

Publicado por Disciple Nations Alliance
Phoenix, AZ 85014
EEUU

ISBN 978-1-57658-805-5

Primera edición 2017

Impreso en los Estados Unidos

Otros libros de Darrow L. Miller

Discipulando Naciones: El poder de la verdad para transformar culturas

Against All Hope:
Hope for Africa

The Forest in the Seed (con Scott Allen)

Opresión de la mujer, pobreza y desarrollo:
Vindicación de la dignidad de la mujer para construir naciones sanas

Vida, trabajo y vocación:
Una teología bíblica del quehacer cotidiano

Se puede disponer de estos y otros títulos similares en *www.disciplenations.org*

DEDICACIÓN

A los que han ido a los lugares más difíciles
Y han aprendido el gozo de servir,
a los pobres de los pobres
—compañeros nuestros en experimentar la venida
del Reino.

ÍNDICE

PRÓLOGO

Dios tiene un claro propósito para su vida que consiste en transformarle en siervo.

En general, Dios ambiciona reformar su carácter para que refleje perfectamente el carácter de su Hijo. Desde el día en que nació en su Reino eterno, Él ha venido trabajando en usted. En medio de todo acontecimiento y circunstancia, su Espíritu ha venido actuando, refinando, purificando y desarrollando el carácter de Cristo en su vida.

Él hace esto porque tiene en mente una misión más grande: bendecir, sanar y redimir a todas las naciones: extender su Reino en la tierra como está establecido en el cielo. ¿Cómo cumple Él su misión? Con personas como usted —compungidas, necesitadas e imperfectas—. Le atrae a sí mismo, cancela sus pecados, pone su Espíritu Santo en usted e inicia un proceso de transformación total para formar en su persona el carácter de Cristo.

Pero esto es sólo el principio. A medida que su vida cambia, la transformación va llegando a su familia, amigos, colaboradores e incluso a sus hijos y nietos no nacidos. Mediante este proceso divino, su influencia se deja sentir sobre naciones enteras. Comienza a amar como ama Cristo. Los que se cruzan con usted empiezan a experimentar algo del amor divino, que, a su vez, les conduce a su fuente: Cristo mismo. El propósito de su vida está imbuido del constante celo de Dios de bendecir a todas las naciones. Ha sido bendecido para ser de bendición. Dios está usándole literalmente para cambiar el mundo.

No obstante, la clave de todo este proceso es llegar a ser como Cristo, y ser como Cristo significa, antes que nada, hacerse siervo. Un siervo busca cuáles son las necesidades de otros —especialmente las de los marginados y abandonados— y da pasos efectivos para cubrirlas. Ser siervo significa trabajar por el bien de esa gente que no le gusta a uno, y también por aquellos a quienes usted no le gusta.

Cristo es el reflejo perfecto del carácter de Dios en carne humana, y el carácter de Dios se define por la palabra «compasión». Cuando Moisés tuvo un encuentro con Dios en el monte Sinaí, le hizo una petición: «Déjame verte en todo tu esplendor» (Ex. 33:18). A esta audaz petición Dios respondió: «Voy a darte pruebas de mi bondad, y te daré a conocer mi nombre» (Ex. 33:19). La gloria de Dios se refleja en su nombre, y éste define su carácter. El mismo carácter que Cristo encarnó perfectamente en la tierra, es el mismo que el Espíritu está formando en usted. Echémosle un vistazo:

> «Pasando delante de él, proclamó: "El SEÑOR, el SEÑOR, Dios clemente y compasivo, lento para la ira y grande en amor y fidelidad, que mantiene su amor hasta mil generaciones después, y que perdona la iniquidad, la rebelión y el pecado; pero que no deja sin castigo al culpable, sino que castiga la maldad de los padres en los hijos y en los nietos, hasta la tercera y la cuarta generación"» (Ex. 34:6-7).

Se pueden decir muchas cosas acerca de su Nombre, pero en el marco de este estudio, llamaré su atención a la primera palabra que Dios usa para describir su carácter y revelar su gloria. Él podría haber escogido muchas otras palabras, pero escogió ésta en particular, de modo que haremos bien en prestar atención a la palabra «compasión».

Compasión es una palabra muy usada y abusada en nuestro tiempo. Muchos la interpretan como sinónimo de lástima o condolencia. Se suele entender como sentimiento o emoción. Algunos diccionarios modernos la definen incluso de este modo. Pero ¿qué significa realmente? Compasión es una palabra latina que deriva del prefijo «cum» que significa «con» y «passio» que significa literalmente «sufrir». Este es el sentido que se da a la palabra el día de viernes santo cuando se realza la pasión (o sufrimiento) de Cristo. De manera que compasión significa literalmente «sufrir con». La verdadera compasión denota acción, no emoción. Implica ponerse al lado de quien está necesitado para compartir su carga. En suma, significa servir a los demás.

Debido a que el carácter de Dios se define por la compasión, Él envió a su Hijo a sufrir con nosotros —criaturas caídas, contritas y perdidas—. Y haciéndose semejante a los seres humanos «se humilló a sí mismo y se hizo obediente hasta la muerte, ¡y muerte de cruz!» (Fil 2:7-8).

La agenda de Dios consiste en formar en usted la misma compasión —la misma disposición a servir a otros—, hasta el punto de sufrir. Puesto que esta clase de comportamiento es tan innatural, tan inesperado en un mundo absorbido por el yo y el egocentrismo, este tipo de actitud es increíblemente poderoso. Destaca entre todos y las personas lo notan. Brilla como una luz resplandeciente en la noche más oscura. Tal compasión no tiene explicación terrenal. Es literalmente un milagro.

Tal compasión no viene de manera natural. Ha de ser aprendida. A buen seguro, el Espíritu Santo actúa en nosotros para darnos el deseo y el poder de servir, pero nosotros tenemos un papel que jugar, y no ha de ser tenido en poco. ¿Cuál es nuestro papel para llegar a ser como Cristo? ¿Cómo podemos colaborar con el Espíritu de Dios? 2 Corintios 3:16 nos da la clave.

> Por tanto, nosotros todos, mirando a cara descubierta como en un espejo la gloria del Señor, somos transformados de gloria en gloria en la misma imagen, como por el Espíritu del Señor.

La palabra «mirando» puede equivaler a admirar, contemplar, considerar, reflexionar. Hemos de prestar atención indivisa a la gloria de Dios (su Nombre, su carácter, su compasión), y al hacerlo, somos transformados en esta misma gloria de un nivel a otro. Al mirar a Cristo, contemplamos al que no vino para que le sirvieran, «sino para servir y para dar su vida en rescate por muchos» (Mar. 10:45).

Este estudio ha sido concebido para ayudarle a hacer esto: estudiar, admirar y contemplar la compasión de Dios y el sacrificio de Cristo para que esta virtud principal sea formada en su vida. *El servicio: Llamado de todo cristiano* fue escrito por mi amigo y colaborador Darrow Miller hace muchos años para ayudar a preparar equipos misioneros de temporada corta y misioneros transculturales para servir en el extranjero. He estudiado estas lecciones muchas veces y las he enseñado por el mundo y puedo dar testimonio personal de su poder. Este estudio ha cambiado realmente mi vida, como también la de muchos otros. Confío en que estas trece lecciones le ayuden a ahondar profundamente en la Escritura, y a conocer a Dios y su Hijo de una manera nueva —como siervos compasivos que son—. Siguiendo su ejemplo, será transformado, y Dios le usará para transformar.

Scott D. Allen
Disciple Nations Alliance
Mayo 2009

RECONOCIMIENTOS

Mi buen amigo Bob Moffitt me instó a desarrollar esta serie en 1979. Desde entonces, muchas personas la han seguido hasta el día de hoy, pasado a otros y contribuido a su mejora. Gracias a todos.

A Marilyn, esposa de mi juventud, quien ha demostrado corazón de sierva en la creación de nuestro hogar, el cuidado de nuestra familia y el hospedaje de nuestros amigos, le doy mi amor y mi gratitud.

Estoy supremamente agradecido a Quien me sirvió con su muerte.

INTRODUCCIÓN

La Iglesia en Occidente ha sido neutralizada por la agenda y la escala de valores del secularismo. Buscamos realización a base de esfuerzo, no teniendo en cuenta las palabras de Cristo de que es preciso morir para vivir y dar para obtener. En vez de esto, nos proponemos una vida cómoda de paz personal. Imitamos el mundo en vez de transformarlo. Y como el fin de esta intención es hueco e insatisfactorio, nos lanzamos a una loca carrera, esperando que, moviéndonos más deprisa, alcanzaremos la felicidad.

En contraste con la tendencia natural de servir al yo, Dios nos ha llamado a «servir a los otros». La autoridad dada a Cristo en Mateo 28:18, diferida a su vez a sus discípulos, es la de servir (2 Cor. 10:8). La iglesia primitiva comprendió esto y nos dejó un legado de servicio: edificó posadas para los viajeros, hospitales para los enfermos, asilos para los pobres y orfanatos para los huérfanos. Nuestro servicio destaca como testimonio dinámico al creer que el mensaje bíblico es verdadero.

Es decir, la auto-realización que anhelamos nunca se hallará en la agenda del mundo, sino únicamente en los planes de Cristo. En Lucas 19:12-27 Jesús refiere la parábola de un noble (que representa al mismo Jesús) que ha viajado a un país lejano para recibir un reino. Él concede a sus fieles servidores autoridad sobre varias ciudades, encargándoles que se ocupen de negociar e invertir en la tierra hasta que Él vuelva. Esta es la misión de la Iglesia: ocuparse y negociar hasta la venida del Rey. Nosotros somos el pueblo de Dios. El Dr. Tetsunao Yamamori, ex presidente de Fundación contra el Hambre, ha expresado que debemos involucrarnos en un «ministerio simbiótico», es decir, proclamar las Buenas Nuevas de la salvación de Dios en Jesucristo (evangelización) y liberar a los hombres que están atados por cadenas sociales, políticas y económicas para establecer paz, orden y armonía en todas las relaciones humanas (acción social).[1]

La clave de esta «ocupación» es usted. Como enseña la parábola del Evangelio de Lucas, Dios nos ha concedido vida, talentos, habilidades y dones a cada uno y desea que los usemos. ¡Su vida marca una diferencia! Es maravillosa; grandiosa. Francis Schaeffer solía decir que «lo mismo que el guijarro arrojado al agua en una laguna tranquila, su vida desencadena ondas que se suceden... para siempre».[2]

Cristo volverá, de manera tan cierta como que se levantó de los muertos. Lucas 19:12, asegura que Él está ahora en el Cielo, recibiendo su Reino. A nosotros, sus siervos, se nos ha encomendado la tarea de ocupar la tierra para su regreso. Cada lugar que pise la planta de su pie como cristiano, será territorio ocupado, y cuando se planta y ocupa territorio usted crea un lugar para que otros también se planten.

Antecedentes

Esta serie de estudios bíblicos es un grito de guerra para que la Iglesia despierte y cumpla su misión.

Originalmente, escribí esta serie para animar a un grupo de estudiantes cristianos de un colegio de Ohio mientras se preparaban para desarrollar un proyecto de servicio de dos semanas en la República Dominicana. Recuerdo que una experiencia similar me despertó de mi sueño. Cuando tenía diecinueve años y estudiaba en la universidad, viajé con diez compañeros, un pastor y su esposa a la Ciudad de México y trabajamos seis semanas en un orfanato. Nos alimentamos con 1,25 dólares por semana —comíamos la misma comida que se comía en el orfanato—. Este corto periodo de misiones alteró el curso de mi vida. De los trece que viajamos aquel verano, ocho nos hemos implicado ampliamente en misiones.

Yo deseaba que aquel equipo de Ohio captara una visión transformadora, expansiva; y esa es también mi oración para todos los que participan en este estudio. Espero que no sea meramente un estudio bíblico, sino una celebración de nuestro supremo llamamiento. No mera información adicional, sino un toque de trompeta para llamar a la acción. Mientras esperamos al Rey, aprovechemos el tiempo. Apresuremos su venida sirviéndole bien.

El propósito

El propósito de esta serie es:

1. Ayudarle a entender que la misión de la Iglesia es ocupar este mundo para Cristo.
2. Ayudarle a ver que usted es clave; su vida cuenta.
3. Guiarle a cumplir su llamado vocacional de ser un siervo.

La base

Este estudio se basa en cinco verdades esenciales:

1. Vivimos en un mundo caído. El pecado ha afectado a todas nuestras vidas y relaciones. Dios aborrece el pecado y llora por la aflicción que hay en el mundo.
2. Cristo ha venido a servirnos por medio de su muerte, para asegurarnos salvación. Con su vida, Cristo nos muestra cómo servir, comenzar el proceso de restauración de un mundo caído y llevar esperanza a vidas atribuladas.
3. La venida de Cristo establecerá su Reino y restaurará plenamente todo lo que fue frustrado.
4. Él ha establecido su Iglesia para luchar contra las fuerzas de las tinieblas y ocupar los lugares áridos para su venida.
5. La clave está en los cristianos individuales y en la expresión comunal en la iglesia local. Él nos ha llamado a una tarea básica de servicio.

El formato

Éstos serán los seis elementos del formato de cada lección:

1. Último capítulo… Resumirá lo que se ha tratado en las lecciones anteriores y presentará un contexto para la lección actual.

2. Avance… Esta sección resume la dirección del presente estudio e incluye un breve esbozo de la lección.
3. Saber y hacer… Cristo siempre enfatizó la importancia de CONOCER y HACER la voluntad de Dios. En nuestro caso, esto se aplica a conocer y poner por obra la Palabra de Dios. Debemos meditar o reflexionar en la Palabra de Dios y actuar teniéndola en cuenta. Poner mayor énfasis sobre una de estas dos cosas, conocer o hacer, es despojar a la Palabra de su poder. «CONOCER» significa tanto conocimiento como entendimiento. «HACER» exige compromiso e implicación basados en el conocimiento.
   Se puede representar así:

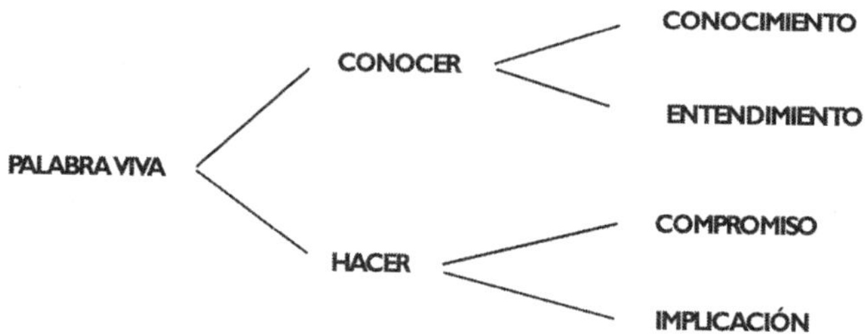

   El mero «CONOCER» su Palabra es verbalismo; el mero «HACER» su Palabra es activismo.
   El énfasis en CONOCER Y HACER establece el objetivo de «CONOCER» y «HACER» para el siguiente capítulo.
4. Estudio… El estudio es el cuerpo de la tarea. Hacerlo debidamente requiere entre tres y cinco horas de tiempo y compromiso. Las personas que invierten más en las lecciones aprenderán más también de su estudio. El enfoque de esta parte es el «CONOCER».
5. Tiempo aparte… Esta sección reta al lector a tomarse 15-30 minutos para meditar o memorizar el pasaje temático.
6. Su parte… El enfoque de esta sección es el «HACER» —APLICAR EL CONOCIMIENTO APRENDIDO—. Esta sección ofrece un ejercicio pertinente, práctico, concebido para adaptarse a las necesidades del crecimiento personal.

UNO

La ambición del hombre

Avance... Las palabras que usamos definen nuestra escala de valores. ¿Qué palabras usamos para definir nuestras ambiciones? ¿Reflejan la ambición de Cristo para nosotros? Examinaremos primeramente el vocabulario de la cultura occidental en relación con la ambición y después examinaremos la ambición de Cristo para nosotros.

Conocer y hacer...

En este capítulo vamos a aprender que nuestro llamado vocacional es a servir. Empezamos, conscientemente, a servir a los que están más cerca de nosotros.

Estudio...

Cuando vinimos a Cristo, recibimos nuevos nombres —«Hijos de Dios», «cristianos», «los redimidos», «nuevas criaturas» y muchos otros—. Estos títulos nos proporcionan identidad y gozo. Al ser adoptados en la familia de Dios, recibimos su nombre. Yo soy «Darrow Ben (Hijo de Dios)».

No obstante, hay nombres que no proporcionan el mismo gozo automático. Debido a la noción negativa que connotan, tendemos a alejarnos de ellos. Somos «Prisioneros» (Efesios 4:1), «Esclavos» (Filipenses 1:1), «Obreros» (2 Timoteo 2:15) y «Siervos» (1 Timoteo 4:6). Ser «Prisionero» de Jesucristo es más que ser hombre libre del mundo. Ser «Siervo» de Jesucristo es realmente mayor privilegio que ser amo de millones.

La voluntad de Dios para nuestra vida se puede desglosar en voluntad general y voluntad particular. Su voluntad general (que seamos hombres y mujeres piadosos) se detalla en las Escrituras. Su voluntad particular («¿con quién he de casarme?»,

«¿dónde he de vivir?», «¿qué tipo de estudios he de cursar?») se revela a medida que uno cumple su voluntad general. Mateo 6:33 declara: «Buscad primeramente el Reino de Dios y su justicia [su voluntad general] y todas estas cosas [distintos aspectos de su voluntad particular] os serán añadidas».

Del mismo modo, Isaías 58:10-11 da un consejo similar: «Si das tu pan al hambriento y sacias al alma afligida [voluntad general de Dios],... Jehová te pastoreará siempre [su voluntad particular]...».

Preguntamos: «¿Qué he de hacer con mi vida?; ¿cuál será mi vocación?». Dios responde: «Céntrate en la vocación cristiana; sé un siervo». ¿Qué he de hacer? ¡He de servir!

Pero, ¿es ésta nuestra ambición natural?

La importancia de las palabras

El vocabulario de una sociedad dice mucho acerca de los valores de las personas que la conforman. En la obra de C. S. Lewis *Más allá del planeta silencioso,* el héroe, Ransom, se encuentra en un planeta cuyos habitantes no tienen palabras para designar la «guerra» o el «odio». Esto refleja la ausencia de guerra o de odio en esa sociedad.

El vocabulario de una sociedad establece y expone su escala de valores. Por ejemplo, ¿cómo llama lo que una mujer lleva en sus entrañas, «bebé» o «feto»? La palabra que se escoja influye en la actitud y el comportamiento hacia ese niño. ¿Se habla de «sacralidad de la vida» o de «calidad de vida»? ¿Se «mata» o se «pone fin»? La pérdida del uso común de palabras como castidad, verdad, justicia y culpabilidad en nuestra cultura refleja un cambio profundo de cosmovisión, escala de valores y estilos de vida.

Comencemos el estudio del tema del servicio examinando palabras que se usan en nuestra cultura y descubramos cómo estas palabras conforman nuestras ambiciones.

1. En la siguiente lista, marque con una «x» las palabras que usted cree definen mejor los valores de nuestra cultura —los objetivos supremos que se esfuerza por conseguir la mayoría de la gente:

asistente	último	gobernador
esclavo	líder	secundario
jefe	señor	siervo
mono de trabajo	director	autosuficiente
principal	maestro	pequeño
empleado	manual	subordinado
primero	menor	superior
ayudador	pobre	apoyador
inferior	prestigioso	subordinado
influyente	principal	ascendente
insignificante	propietario	traje y corbata
grande	rico	ganador

2. ¿Qué le dice esto acerca de la ambición en nuestra cultura?

3. Escoja cinco palabras de la lista que usa más frecuentemente para definir sus objetivos personales.

   ¿Difieren sus objetivos de los de su sociedad?

   Si es así ¿de qué manera?

   Si no, ¿qué le dice esto acerca de sí mismo?

4. Muchas palabras de la lista son sinónimos de «amo» o «siervo».
5. Use un diccionario para estudiar las palabras «amo» y «siervo». Escriba una definición personal de cada una.

   Amo –

   Siervo –

6. Hemos examinado estas dos palabras antónimas y visto que nuestra sociedad define el éxito en términos de autoridad, poder y triunfo. Nuestra sociedad iguala el fracaso con el trabajo, el servicio y la subordinación.

   No obstante, estas palabras no son necesariamente contrapuestas. Jesús, el Hombre-Dios, fue Señor y Siervo. En realidad, un buen liderazgo es liderazgo de servicio.

Los valores del reino están del lado correcto

1. En Lucas 3:4-6, Juan el Bautista predica el mensaje de Isaías en relación con la venida del Reino de Cristo. En el Reino, todo se invierte. (Mejor dicho, todo se restaura a su posición correcta.) Describa qué ha de suceder en estos ámbitos:

   Valles

   Montañas

   Caminos torcidos

   Caminos ásperos

2. En Lucas 6:20-26, texto normalmente conocido como las Bienaventuranzas, Jesús manifiesta quiénes son bienaventurados y quiénes son malditos. Fíjese cuán distinta es la escala de valores del Reino de la escala de valores del mundo. Haga una lista y compare las circunstancias de los bienaventurados y las de los malditos. ¿Con quiénes se identifica mejor?

Bienaventurados	**Malditos**
«Bienaventurados seréis cuando los hombres...»	«Ay de vosotros, cuando...»

3. En Lucas 6:27-29, la extrañeza del Reino prosigue cuando Cristo enseña a sus seguidores una escala de valores «correcta». Describa cómo debemos tratar como cristianos a:
   Nuestros enemigos
   - Los que nos aborrecen
   - Los que nos maldicen
   - Los que nos tratan mal
   - Los que nos golpean en una mejilla
   - Los que nos arrebatan nuestro abrigo

   Si estos valores nos suenan extraños, en realidad, lo son. Pero son los valores del Reino.
4. Estudie Mateo 10:39. En este Reino invertido, ¿cómo se halla vida?

5. La «escala» de valores del Reino contrasta con la de los valores del mundo. Por tanto, la ambición del cristiano es también distinta de la ambición del mundo. La ambición del cristiano es ser siervo.
6. Hay tres palabras griegas principales usadas en el Nuevo Testamento que significan «siervo».

   «Doulos» – esclavo, súbdito, siervo

«Diakonos» – (de «diako», hacer recados) – asistente, camarero para servir las mesas, siervo

«Therapon» – asistente manual, siervo

El uso de la palabra «siervo» en el Nuevo Testamento es similar a su uso contemporáneo: la persona que realiza tareas manuales.

Cristo enseña acerca de la ambición

1. Lea Marcos 10:32-45

   ¿En qué ambiente se produce esta discusión? ¿Qué está a punto de suceder? (vs. 32-34)

   ¿Qué quieren Juan y Santiago que Jesús haga por ellos? (vs. 35-37)

   ¿Por qué no podía Cristo conceder su petición? (vs. 38-40)

   ¿Cómo reaccionaron los otros discípulos? (vs. 41)

   ¿Cuál es la norma mundana para la grandeza? (vs. 42)

¿Qué significa la palabra «pero»? (vs. 43-44)

¿Cuál es la norma de Cristo para la grandeza? (vs. 43-44)

¿Qué cosa no vino Cristo a hacer? (vs. 45)

¿Qué dos cosas vino a hacer? (vs. 45)

2. El mundo define a un gran hombre por los siervos que tiene, mientras que Cristo lo define como aquel que *sirve* a más personas.

El servicio no es *requisito* para alcanzar la grandeza en el Reino. Es la norma para la grandeza. Es menester «doblar la rodilla» para acceder a la gloria. Cristo restaura el verdadero concepto de grandeza.

3. En la escala de valores del Reino, el Padre recibe reconocimiento por el servicio prestado por el hombre. Cuando sirve, «el gran hombre» no reclama atención sobre sí mismo, sino que apunta hacia Dios.

Según Mateo 5:16, ¿qué consiguen de la gente las buenas obras de un cristiano?

¿Cómo beneficia esto al Reino?

Termine la frase: Cristo ha cambiado mi comprensión de la palabra «siervo»

de:

a:

Tiempo aparte...

Tómese tiempo esta semana para meditar en y/o memorizar lo siguiente:

> Pero entre ustedes no debe ser así. Al contrario, el que quiera hacerse grande entre ustedes deberá ser vuestro servidor, y el que quiera ser el primero deberá ser esclavo de todos. (Marcos 10:43-44)

Su parte

Ore y pida a Dios que le dirija a servir a alguien. Pida que sea una persona cuyo servicio usted normalmente espera o a quien recurre para que le sirva. Sea específico.

Por ejemplo, esta persona podría ser su mamá, quien siempre le lava la ropa... podría ser su empleado, que trabaja para usted... podría ser su amigo, que siempre está disponible para usted... o podría ser el camarero o el empleado de la tienda de comestibles que normalmente le sirven.

1. ¿Quién es esta persona?

2. ¿Qué hace normalmente por usted?

3. ¿Qué espera o pide de esta persona?

4. ¿Qué hará usted por ella/s?

5. ¿Cuándo lo hará?

Comparta esto con su grupo de estudio o con un amigo íntimo. Pídales que oren por usted. Comparta con ellos los resultados.

DOS

Ejemplos de servicio

Último capítulo...

En el primer capítulo vimos que la ambición natural del hombre es «ser servido»; es decir, ser AMO. Por el contrario, la ambición de Cristo es «servir». Él nos ha dado perfecto ejemplo de lo que debe ser un siervo; de hecho, Él es EL SIERVO.

Avance...

En este capítulo, vamos a examinar ejemplos de siervos. Para aprender a servir, tenemos que ver servir a «otros». Veremos estos ejemplos de servicio en el carácter de Dios; en la encarnación de Jesucristo, el Siervo; y en las vidas de los personajes bíblicos y contemporáneos.

Conocer y hacer...

En este capítulo, vamos a aprender que Dios es un Dios que sirve; este conocimiento debe llevarnos a adorarle.

Estudio...

Para comenzar debemos hacer una distinción entre «arquetipo» y «antropomorfismo». Un arquetipo es un patrón ideal, basado en principios eternos, según el cual se modelan actividades terrenales. Pero el antropomorfismo es atribuir características de conducta humanas a entidades no humanas.

Cuando decimos que Dios es un siervo, hablamos en sentido arquetípico, no antropomórfico. Es decir, Dios *es* servicial y su carácter *es* un modelo para nuestra actividad. *No* atribuimos a Dios actividad humana, sino que vemos en Él un modelo para nuestra actividad.

El Dios siervo

La Escritura nos instruye que el amor existió antes de la creación del mundo. Este amor es abnegado, «servidor» (véase Juan 17:24). Este amor se expresa en el carácter y la encarnación de Dios.

1. El carácter de Dios
   A. Tanto el Antiguo como el Nuevo Testamento presentan a Dios como siervo. La palabra «benevolencia» (hebreo: «HESED») aparece más de 250 veces en el Antiguo Testamento. Hace referencia al leal y constante amor de Dios. Describe su amabilidad y su misericordia con nosotros de manera práctica y cotidiana. En el Nuevo Testamento, la palabra griega «AGAPE» se emplea para describir el amor abnegado de Dios, su amor servicial. Este amor servicial se expresa siempre que Dios toca una vida. Se encuentra allí, porque es intrínseco a su carácter.

   B En el árido ambiente del Medio Oriente, el pueblo hebreo entendió esta característica de Dios y, por ello, hizo de la hospitalidad u hospedaje (o servicio) una virtud de la vida en el desierto. El huésped era honrado.

   La iglesia primitiva fue también consciente de la naturaleza servidora de Dios y le imitó con un estilo de vida hospitalaria. Abrían sus casas a extraños y organizaron estructuras para servir a los enfermos, los moribundos y los viajeros. En lengua castellana usamos varias palabras relacionadas con esta característica del hospedaje (servicio):

   hospital---------------servicio a los enfermos
   hostal-----------------servicio al viajero
   hospicio---------------servicio al pobre, mendigo,
   huérfano, etc.

hospitalidad-----------servicio al extranjero
hospedaje-------------servicio al huésped

C. Dios es nuestro anfitrión. Esto se ilustra de dos maneras en el Salmo 23. Lea este salmo y mencione las maneras en que Dios sirve.

Como Pastor (vs. 1-4) **Como Anfitrión (vs. 5-6)**

D. Lea Juan 14:2. Contemple lo que esto significa sabiendo que Dios es anfitrión. Explique brevemente su reacción o percepción.

2. La encarnación de Dios —Jesucristo

Colosenses 2:9 declara: «Toda la plenitud de la divinidad habita en forma corporal en Cristo [hombre]». ¡Qué misterio tan maravilloso es que Dios se hiciera hombre! ¿Pero qué clase de hombre?

Si usted fuera Dios y pudiera escoger descender a la tierra en cualquier época de la historia, lugar, o forma, ¿cómo habría venido? ¿No diría la razón humana contemporánea que Dios debería venir a la tierra como líder mundial de un país poderoso, a una ciudad mediática como Nueva York, ciudad de México o Londres?

Pero ¿qué escogió Dios? Hace dos mil años, Dios escogió venir a una pequeña ciudad, Nazaret, en una nación que no lo era, Palestina. Decidió encarnarse no como dirigente mundial, sino como siervo. La Divinidad se identificó con los pobres, los donnadies y los insignificantes.

A. Lea Isaías 42:1-4. ¿Cuáles son algunas características del Siervo en este pasaje?

B. Juan 1:14 revela que cuando Dios se identificó con los hombres, Él «...habitó (levantó su tienda) entre nosotros». Se trasladó al bloque de apartamentos, el campamento de refugiados, el gueto.

C. Hebreos 4:15 describe la completa identificación de Dios con el hombre, ya que Cristo «...ha sido tentado en TODO de la misma manera que nosotros, aunque sin pecado».

D. Lea Mateo 11:29. Jesús dijo de sí mismo que era «apacible y humilde».

E. Lea Filipenses 2:1-11. En los versículos 5-8, Pablo rastrea los siete pasos que Cristo dio desde su glorioso trono hasta morir de una muerte humillante. Rellene los pasos que faltan.

Existía en forma de Dios

Tomó forma de siervo

Murió en una cruz

F. En estos acontecimientos, ¿cuál fue la extensión de su servicio? ¿Hasta dónde estuvo dispuesto a ir?

G. ¿A quién sirvió Cristo? ¿A quién se sometió?

H. ¿Por qué cree usted que Dios decidió venir a la tierra como siervo, en vez de representar una figura política de renombre?

Hombres y mujeres que han servido

1. Personalidades bíblicas

Lea los siguientes pasajes y explique cómo sirvieron u hospedaron cada una de estas personas. ¿Qué hicieron? ¿Tuvieron un denominador común?

A. Génesis 24:10-27 (Rebeca)

B. Rut 2:8-17 (Booz)

C. Hechos 9:36-43 (Dorcas)

D. Lucas 7:36-39 («un pecador»)

2. Personalidades contemporáneas

A. Cuando C. S. Lewis era joven, se trasladó a un diminuto apartamento, en casa de la madre viuda de un amigo suyo. Sin recibir paga alguna cuidó de ella como si fuera su propio hijo por más de 20 años. Cuando él ya era famoso y ella muy anciana, siguió cuidando de ella hasta su muerte. Más adelante, una íntima amiga suya que tenía dos hijos adolescentes, cayó enferma de cáncer. Por causa de su amor a esta mujer y su deseo de cuidar de ella y de sus hijos, se casó con ella. Este siervo compartió mucho gozo y mucha pena.

En un centro de postgrado de Israel, se estropeó el sistema séptico, que tenía 30 años de antigüedad. Hacía falta un voluntario que penetrara en el sistema y limpiara muchos galones de «fango». El Dr. X., profesor de un seminario Midwestern, se ofreció para llevar a cabo este sucio trabajo.

Colleen se asomó a la ventana de su cocina y vio a dos ancianos escarbando en el bidón de la basura en busca de comida. Ella les invitó a entrar en su casa y les ofreció una comida caliente.

B. ¿Qué tienen en común estas personas? ¿Qué virtud gobernaba sus actos?

C. Describa a una persona conocida que sea servicial.

Nombre:

Descripción:

D. ¿Qué características de su vida le gustaría ver en la suya propia?

Tiempo aparte...

Tómese tiempo esta semana para meditar en y/o memorizar:

Para esto fueron llamados, porque Cristo sufrió por ustedes, dándoles ejemplo para que sigan sus pasos. 1 Pedro 2:21

Su parte...

1. Vuelva a la pregunta 2.c. bajo el punto Personalidades contemporáneas. Por una semana ore y trabaje para implementar esas cualidades de carácter que quiere adquirir en su propia vida. Escriba un «Diario de servicio» para anotar sus éxitos y fracasos en este empeño. Pida a Dios ayuda y ánimo. Exprese esto a su grupo de estudio o a un amigo íntimo. Pídales que oren por usted e infórmeles de los resultados. (Guarde su «Diario de servicio» en un lugar accesible, ya que lo volverá a usar en el Capítulo 8).

O bien

2. A solas o con algunos amigos íntimos, proyecte un servicio de adoración que se centre en la acción de gracias y la alabanza a Dios como siervo. Dirija el grupo en tal culto de adoración.

TRES

El siervo rey

Último capítulo...

En el primer capítulo vimos que el hombre natural concede un alto valor al ejercicio del poder, la autoridad y el control. Nuestra sociedad define la grandeza en términos de autoridad, poder y triunfo. Por el contrario, esta cultura menosprecia la postura del siervo. Y sin embargo, ese es nuestro llamado vocacional como cristianos.

El segundo capítulo señala que Dios es servicial y que el servicio —en contra de la opinión popular— es un valor sagrado. Cuando Dios se encarnó en Cristo, tomó la forma de siervo (Filipenses 2:7). En Cristo está el compendio del Siervo-Rey.

Avance...

En este capítulo, veremos que «Siervo-Rey» no es una contradicción de términos. Jesucristo encarnó lo real y lo manual. El liderazgo y el servicio no se contradicen. En realidad, para ser buen líder, uno debe ser buen siervo.

Por decirlo de otro modo, Cristo ha creado un nuevo orden de siervos-reyes, un orden en el que los reyes deben servir y los siervos son dignos de alabanza. Ya que hemos sido llamados a ocupar el lugar que Cristo ocupó, somos llamados a ser siervos-líderes. Esta no es una posición de poder obstinado, sino de responsabilidad.

Conocer y hacer...

En este capítulo trataremos de entender que liderar y seguir se complementan. Este conocimiento debe guiar a practicar el seguir en al menos una esfera de la vida.

El principio — el rey siervo

1. Aunque es obvio que el «siervo» debe servir, no solemos pensar que el «rey» deba ser un siervo. El que está bajo autoridad debe servir, pero ¿qué decir de la persona que está en autoridad? ¿Exime de servir el ocupar una posición de autoridad y liderazgo?

2. Lea 1 Reyes 12:1-11. El rey Roboam, hijo de Salomón, procura consejo.

   A. ¿Qué quería hacer el pueblo? (v. 4b)

   B. ¿Qué se lo impidió? (v. 4)

   C. Mencione las dos cosas que recomendaron los ancianos (v. 7)

3. Como dijo una vez Francis Schaeffer: «A los ojos de Dios no hay gente pequeña ni lugares insignificantes».[3] No es cuestión de tamaño o rango, sino de consagración. ¿Está el siervo consagrado? Si es así, es un «rey». ¿Está el rey consagrado? Si es así, es un siervo.

Autoridad o responsabilidad

1. Vuelva a Marcos 10:32-45. Jesús expone el contraste entre ambición terrenal y ambición piadosa.

   A. ¿Cómo define «el mundo» el liderazgo? (vs. 37, 42)

B. ¿Cómo define el cristiano el liderazgo? (vs. 43, 44)

2. La siguiente tabla compara el «liderazgo mundano» con el «liderazgo servicial»:

	El Mundo	**El Siervo**
Se identifica con:	el poderoso	la gente
Define el éxito como:	tener siervos	servir a la gente
Centra su interés en:	hacia dentro (el yo)	hacia fuera (los otros)
Usa como símbolo:	la silla presidencial	la toalla

3. Richard Foster, en su obra *La celebración de la disciplina*, estableció una distinción muy sutil:

   «Debemos distinguir la diferencia entre la elección de servir (actividad) y la de ser siervo (una persona/un estilo de vida). Cuando escogemos servir, seguimos manteniendo el control... cuando escogemos ser siervos, rendimos el derecho a retener el control… nos convertimos en personas dispuestas y vulnerables».[4] En el área de los principios de administración, Myron Rush distingue entre administración secular y administración bíblica. La administración secular se define como «hacer las cosas a través de otros». Pero la administración bíblica equivale a «cubrir las necesidades de las personas mientras trabajan cumpliendo sus tareas».[5]

4. En resumen, el liderazgo del mundo desea la autoridad; el liderazgo servicial del Reino procura y acepta la responsabilidad.

Equilibrio bíblico

1. Los Evangelios reflejan una cuádruple imagen de Cristo. Cuatro pasajes mesiánicos del Antiguo Testamento se corresponden con las cuatro imágenes de Cristo.

Evangelio	A. T.	Imagen de Cristo
Juan	Isaías 40:9	«¡Vea aquí______!
Lucas	Zacarías 6:12	«Aquí está_______»
Marcos	Isaías 52:13	«He aquí que_____»
Mateo	Zacarías 9:9	«Mira que tu_____»

Cada uno de ellos describe un aspecto del carácter de nuestro Señor. No se oponen. Antes bien, reflejan la dinámica de la vida de Cristo. En el caso del Dios-Hombre, hallamos misterio; en el caso del Rey-Siervo, no hay misterio, sólo equilibrio.

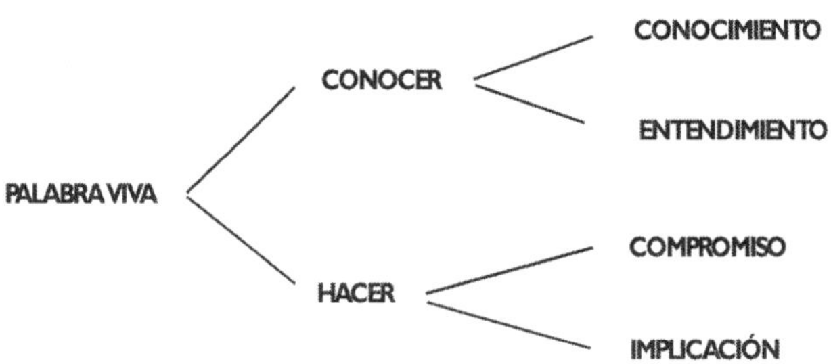

2. La verdad es hermosamente equilibrada, como en los ejemplos citados sobre el carácter de Cristo. Como el saltador de bebé, cuando todas sus piezas están montadas, se mueve armoniosa y simétricamente. Si se quita una pieza, toda la estructura colapsa. Podría tratarse de ley/gracia, libre albedrío/predestinación, evangelización/ministerio social, o presente/futuro del Reino de Dios. En vez de representar opuestos irreconciliables, estos contrastes aparentes definen los límites —los parámetros— de la vida y la fe cristianas. Cuando los cristianos acentúan un punto de vista a costa de otro, la Iglesia se divide y contrae anemia. La tendencia humana a dividir y

polarizar priva a la Iglesia de su dinámica y al mundo de su esperanza.

3. Para ver un ejemplo de vida según principios cristianos que podrían parecer contradictorios a primera vista, lea Efesios 4:15. De este pasaje, se deduce que hemos de hablar «____________ en ___________». Nuestras vidas han de estar marcadas por los parámetros de estas dos palabras. No son la misma cosa, pero nunca pueden separarse.

(---)
Verdad Amor

Todos hemos vivido situaciones en las que se acentúa un miembro de la ecuación verdad/amor más que el otro. En efecto, solemos vivir completamente fuera de los parámetros en un lado o el otro.

A. ¿Qué efecto produce hablar la verdad sin amor?

B. ¿Qué efecto produce dar amor sin hablar la verdad?

C. A menudo vivimos desequilibrados, fuera de los **parámetros** de estos pares compensados, como demuestra la siguiente ilustración:

-----------------------(-----------------------)--------------------
de virtud Verdad Amor Vacío
Cruzada difuso

D. Siempre que actuamos fuera de los parámetros establecidos por pares armoniosamente equilibrados, no sólo perdemos el principio que estamos evitando, sino también el principio que estamos resaltando.

Por ejemplo, si definimos el «amor» sólo por vacíos difusos, además de perder verdad, perdemos el significado del amor, porque éste sólo se puede entender en el contexto de la verdad.

Del mismo modo, si expresamos la «verdad» a través de una cruzada de virtud, registramos pérdida de amor, y también de verdad, porque ésta sólo se puede definir en el contexto del amor.

4. Los cristianos han de vivir dentro de los límites establecidos por la Escritura, principios que a menudo parecen contrastar u oponerse. Si los cristianos viven vidas equilibradas dentro de los límites específicos del servicio y el liderazgo, podemos mostrar a Cristo, el Rey-Siervo hasta que Él venga.

-----------------(------------------------------)-------------------------

Liderar Servir

El común denominador

1. Para entender el equilibrio entre seguir y liderar, debemos antes entender nuestro común denominador como personas delante de Dios.

   Lea los siguientes pasajes y defina el «factor nivelador» compartido por todos los creyentes.

   A. Génesis 1:26-27

   B. Éxodo 23:9

   C. Mateo 23:8

   D. Colosenses 4:1

2. Francis Schaeffer, en No Little People (*Gente no insignificante*), resumió la relación de unos cristianos con otros de este modo:

> «...La relación básica entre los cristianos no es entre el anciano y la gente o entre el pastor y la gente, sino entre hermanos y hermanas en Cristo. Esto denota que hay un Padre en la familia y que sus vástagos son iguales. Hay distintas tareas que hacer, diferentes puestos que ocupar, pero como cristianos somos iguales delante de un Maestro. No debemos procurar grandes títulos; debemos de compartir lugares como hermanos»[6]

3. La Escritura nos enseña dos cosas al mismo tiempo: que todas las personas son iguales y que todas son diferentes. Todos son iguales en valor, pero difieren en función o responsabilidad.

   A. Lea Gálatas 3:26-29. Explique la igualdad entre hombres y mujeres en Cristo.

   B. En 1 Corintios 11:3, aprecie el papel distintivo de:
      i. La mujer

      ii. El hombre

      iii. Cristo

El arte de liderar y seguir

1. Tanto liderar como seguir *son* «artes».

2. El arte de seguir se puede apreciar en el ejemplo de un matrimonio. La esposa era seis años mayor que el marido y llevaba diez años más en el Señor. Cuando se casaron, la mujer se sometió al liderazgo de su marido. No cuestionó su liderazgo,

sino que lo afirmó y se sometió a él. Practicó el arte de seguir y le permitió desarrollar el arte del liderazgo.

3. Todos nosotros somos, al mismo tiempo, líderes y seguidores, dependiendo de la situación. Yo soy líder-seguidor de mi esposa y mi familia y seguidor-líder de mi pastor y mi jefe. Examine su propia vida e identifique tres maneras en las que usted es:

   líder-seguidor

   seguidor-líder

4. Cuando desempeñamos una sola función se produce un desequilibrio. Si sólo me veo como líder, tengo un concepto de mí mismo demasiado elevado. Si sólo me veo como seguidor, tengo un concepto demasiado bajo de mí mismo y descuido apreciar la obra primorosa de Dios en mi vida.

5. Nuestras vidas se han de vivir según el marco y el arte de liderar y seguir.

   --------------------(----------------------)----------------------------
   Arrogancia Liderar Seguir Baja estima

6. Un buen seguidor usa discernimiento para saber a quién servir y cómo servir. Un buen seguidor no debe caer en la actitud de servir a regañadientes, sino que ha de saber cuándo decir que «no», ya sea por el beneficio a largo plazo de la persona a quien sirve o porque ha sobrepasado la propia capacidad de cubrir su necesidad.

   Un buen líder mostrará compasión en su liderazgo, sabiendo cómo y cuándo ha de servir. Un buen líder no ha de ser tirano, sino tiene que saber cuándo decir que «sí», es decir, cuándo tiene que servir a uno de sus seguidores.

Para ser buenos líderes, hay que ser buenos seguidores, primero de Cristo, y después, unos de otros.

Elegir el lugar tranquilo

1. La enseñanza de Jesús

   A. Lea Lucas 14:7:11. ¿Qué lugar tiende a escoger el hombre? (vs. 7)

   B. ¿Cuál es realmente el mejor lugar que uno puede escoger? (vs. 10)

   C. Escriba el principio de Cristo en sus propias palabras. (vs. 11)

2. Ejemplo de Pablo

   A. Después de la conversión de Pablo, no regresó para ocupar una posición destacada en Jerusalén. Lea Gálatas 1:1, 11-24.
      i. ¿Dónde fue? (vs. 17)

      ii. ¿Cuánto tiempo pasó hasta que volvió a Jerusalén? (vs. 18)

      iii. ¿Qué hizo durante ese periodo? (vs. 1, 11, 12, 16)

   B. Cuando Pablo decidió finalmente subir a Jerusalén, fue sólo por un breve periodo de tiempo (Gálatas 1:18,

Hechos 9:26-31). Fue de Jerusalén a Tarso donde, por nueve años, vivió tranquilamente. Bernabé, en el tiempo del Señor, sacó a Pablo del lugar tranquilo (Hechos 11:22-26).

3. De nuevo, Francis Schaeffer resume la mentalidad bastante bien:

> Jesús manda a los cristianos buscar conscientemente el lugar más bajo. Todos nosotros —pastores, maestros, profesionales, obreros religiosos y no profesionales incluidos— nos sentimos tentados a decir: «Ascenderé al lugar más destacado porque me dará más influencia para Jesucristo». Tanto los cristianos como las organizaciones cristianas caen en la tentación de racionalizarlo de este modo mientras edifican imperios más grandes. Pero según la Escritura, esto es retroceder: «debemos escoger conscientemente el lugar inferior a menos que el Señor mismo nos SAQUE de allí [énfasis añadido] para llevarnos a un lugar más alto».[7]

Características de los siervos-líderes

1. Lea Ezequiel 34:1-6.

   A. ¿Qué estaban haciendo estos «pastores»? (vs. 2-3, 4b)

   B. ¿Cómo cuidaban del rebaño? (vs. 4)

2. Lea 1 Pedro 5:1-5.

   A. Note el contraste entre esto y Ezequiel 34:1-6. ¿Qué deben de hacer los buenos pastores? (vs. 2a)

   B. ¿Cómo deben hacerlo? (vs. 2b, 3)

C. ¿Cuál es la clave para liderar y seguir bien según Pedro? (vs. 5)

3. Un Siervo-Líder es...

A. Una persona con visión y creatividad, cuyos ojos están puestos en Cristo y que seguirá a Cristo a las alturas;

B. Una persona humilde, que capacita a otros, un catalizador, que busca el lugar tranquilo, lidera sirviendo y procura glorificar a Cristo;

C. Una persona dócil a los impulsos del Espíritu Santo, sensible y voluntariosa para cubrir las necesidades de otros.

David, el siervo-rey

1. Lea 1 Samuel 16:1-13.

A. ¿Cómo actuó Dios con Saúl? (vs. 1)

B. ¿Qué iba Dios a hacer? (vs. 1b, 3b)

C. ¿Qué diferencia de valoración del liderazgo hay entre Dios y el hombre? (vs. 7)

Nota: Aunque David fue ungido y reconocido por Dios como rey en aquel tiempo, no sirvió como rey hasta más tarde.

4. Lea 1 Samuel 16:14-23. ¿Cómo ministró el siervo-rey de Dios al rey Saúl?

5. Lea 1 Samuel 18:5-16.

   A. Fíjese en 1 Samuel 18:5 que David obedeció las órdenes de Saúl.

   B. ¿Cómo reaccionó Saúl a la creciente reputación de David? (vs. 9, 12, 15)

   C. ¿Qué intentó hacer Saúl mientras David le servía?

6. Lea 1 Samuel 24:1-12. Resuma en sus propias palabras lo que caracterizó a David como siervo-rey.

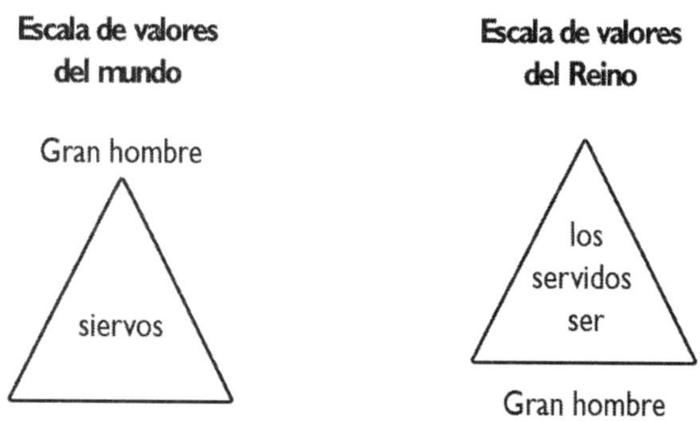

7. Cristo es el supremo Siervo-Rey. En este pasaje, vemos muchos paralelismos entre el carácter de David y la conducta de Cristo. Mencione 3 o 4 similitudes que aprecie entre David y Cristo.

Tiempo aparte...

Esta semana, tómese tiempo para meditar en y/o memorizar este versículo:

> Si te pones hoy al servicio de este pueblo —respondieron ellos—, y condesciendes con ellos y les respondes con amabilidad, ellos te servirán para siempre. 1 Reyes 12:7

Su parte...

Considere liderar y seguir a la luz de este diagrama:

-------------------------(-------------------------)----------------------------

Arrogancia Liderar Seguir Baja estima

Marque una «X» en un punto situado entre la arrogancia y la baja estima que refleje mejor su posición. Exponga maneras en las que puede avanzar hacia una posición más equilibrada. Si cae fuera de liderar, del lado de la arrogancia, ¿Cómo puede acercarse a seguir? Si cae fuera de seguir, del lado de la baja estima, ¿cómo puede avanzar hacia liderar? Piense en tres cosas concretas que puede hacer esta semana. Cuéntele a su grupo o a otras personas a quienes rendir cuentas; deles cuenta de sus resultados.

1.

2.

3.

CUATRO

La motivación para servir

Último Capítulo...

En el primer capítulo vimos que Jesús invirtió la escala de valores del mundo. El objetivo normal del hombre es ser amo, pero Cristo asegura que debemos aspirar a ser siervos. En el segundo capítulo vimos ejemplos de siervos: Dios, Jesús y semejantes nuestros. Éste fue seguido por un capítulo sobre Servicio-Liderazgo.

Avance...

En este capítulo vamos a tratar con nuestra motivación para servir —¿por qué he de servir?— Esta es una cuestión antigua. La respuesta que demos depende de nuestra concepción del mundo, así como de la idea de la relación entre la fe y las obras.

Este capítulo se divide en tres partes principales. En la primera, examinaremos la aparente paradoja entre la fe y las obras. En la segunda, la respuesta humanista a la pregunta: «¿por qué he de servir?». Y en la tercera, estudiaremos la respuesta bíblica a la cuestión de la motivación.

Estudio...

La fe y las obras

Por años la Iglesia ha estado dividida en el asunto de «la fe y las obras», o «la ley y la gracia». ¿Somos salvos por las obras o por la fe? ¿Servimos (trabajamos) para ser salvos? ¿Somos salvos por fe? Si es así, ¿somos libres de tener que servir u observar la ley? La Biblia parece enseñar al mismo tiempo dos cosas contradictorias.

1. Lea Romanos 4:1-8. Pablo implica que «somos salvos por __________». (vs. 5)
2. Lea Santiago 2:18-26. Santiago parece afirmar que «somos salvos por __________». (vs. 24)
3. La clave para responder a la cuestión de la motivación para servir está en la respuesta que se dé a la antigua cuestión de la relación entre la ley y la gracia. Para resolver esta paradoja aparente, es preciso entender lo que Cristo ha hecho por nosotros. No obstante, veamos antes cómo responde el humanismo a la pregunta: «¿por qué he de servir?»

Respuesta humanista a «¿por qué he de servir?»

El humanismo —por centrarse en el hombre— influye en el pensamiento del cristiano en una de dos maneras, dando dos respuestas distintas a «¿por qué he de servir?» Estas dos mentalidades se manifestaron en la Iglesia del primer siglo, así como en la Iglesia actual.

1. Respuesta #1 — Legalismo (enseñado por los judaizantes de la Iglesia primitiva). Esta respuesta afirma:

   «Sirvo (hago buenas obras/observo la ley), para recibir una recompensa (ser salvo/ir al cielo)».

   A. Lea Mateo 6:1-8, 16:18. Anote la recompensa que se busca.

   B. Mencione varias formas en las que actúa para recibir este tipo de recompensa.

2. Respuesta #2 — Antinomianismo (enseñado por los libertinos de la Iglesia primitiva). Esta respuesta afirma:

«Soy salvo por fe/gracia; por tanto, no hay necesidad de servir/trabajar/guardar la ley. Porque soy libre (ya soy salvo) puedo hacer lo que me dé la gana».

A. Pablo se dirige a los libertinos en Romanos 6:1, 15. Del mismo modo, Pedro se dirige a ellos en 1 Pedro 2:16.

B. Mencione varias maneras en las que puede usar la gracia como excusa en su propia vida.

En cualquier caso, la posición centrada en el hombre deja al cristiano encerrado en una trampa. Por una parte, se asume que «uno puedo ser bastante bueno», cuya consecuencia es la culpabilidad del continuo fracaso. Por otra parte, el cristiano queda aprisionado en la trampa del servicio al yo, sin conocer nunca el gozo de servir a otros.

La respuesta bíblica a «¿por qué he de servir?»

La respuesta bíblica se opone a la respuesta humanista. El humanismo tiende a aprisionarnos en el legalismo o eximirnos de la responsabilidad. Pero el mensaje de Dios es que somos *libres para servir.* La respuesta del cristiano a la cuestión «¿por qué he de servir?» es triple. No obstante, las tres respuestas se asientan en la obra acabada de Cristo.

Echemos primero un vistazo al fundamento de nuestra motivación —la obra acabada de Cristo— y luego a la triple motivación para el servicio cristiano.

1. La obra de Cristo — Fundamento para querer servir

A. Lea Romanos 5:6-11. Este pasaje define la obra del siervo.

i. ¿Por quién alguno osaría morir? (vs. 7)

ii. ¿Cómo demostró *Dios* su amor servicial? (vs. 8)

iii. ¿Cómo demostró *Cristo* su amor servicial? (vs. 8)

iv. ¿Qué «calificativos» se da a los que recibieron el amor servicial de Cristo? (vs. 6, 8, 10)

B. Lea Romanos 11:30-32.

i. ¿Qué palabra usa Dios para describir a los «pecadores» en este pasaje?

ii. Aunque todos somos pecadores, ¿qué nos «da» Dios?

C. Lea Efesios 2:1-7.

i. ¿Qué palabras usa Dios para describirnos? (vs. 1-3)

ii. ¿Cite tres cosas que hizo Dios por nosotros «cuando estábamos muertos»? (vs. 5-6)

iii. ¿Por qué hizo estas cosas? (vs. 4)

iv. ¿Cómo influye la idea de quiénes somos en nuestra capacidad de servir?

Porque mientras aún éramos débiles (lbla), cristo nos sirvió. ¡Nos dio el regalo de su vida!

D. Piense en las palabras «PORQUE MIENTRAS». ¿Qué significan? ¿Cómo se suelen usar?

i. Lea 1 Corintios 6:19-20. Según este pasaje, ¿qué ha hecho Dios?

POR TANTO, teniendo en cuenta *lo que Dios ha hecho* por usted, ¿qué debe hacer *usted*?

ii. Lea Efesios 4:1. Las palabras «POR ESO», en este caso hacen referencia a la gracia de Dios que se vio en los capítulos 1-3. Se puede ver un ejemplo en Efesios 2:5-9. Teniendo en cuenta lo que Dios ha hecho por usted, ¿qué debe hacer usted, según Efesios 4:1?

iii. Lea Romanos 12:1-2. Las palabras «ASÍ QUE» aluden a las «misericordias de Dios» en Romanos 11:30-32. Teniendo en cuenta lo que Dios ha hecho, ¿qué debe hacer usted?

iv. Por toda la Biblia, aparece esta misma idea: «PORQUE», «POR ESO», «ASÍ QUE», «POR LO CUAL». Por causa de la obra de Jesucristo —y por causa de los dones de la gracia y de la fe— POR TANTO, hemos de trabajar y observar la ley. Lucas 1:74 indica que *hemos sido redimidos, para poder servir.* Puesto que Cristo sirvió, nosotros debemos servir.

v. La cuestión de «¿por qué he de servir?» esta entrelazada con la fe y las obras, la ley y la gracia. El servicio no nos gana la salvación, ni estamos exentos de servir por causa de la gracia. La fe y las obras son simbióticas en su relación —son distintas, pero se corresponden y se benefician mutuamente—. El don divino de la salvación por la fe (Romanos 4:1-8) y la manifestación de la salvación en obras (Santiago 2:18-26), aunque no son idénticos, son funcionalmente inseparables. SOMOS SALVOS PARA SERVIR.

2. Edificando sobre este fundamento. Hay tres respuestas que nosotros, como cristianos, podemos dar a la pregunta «¿POR QUÉ HE DE SERVIR?»
   A. Respuesta #1 — Gratitud: Sirvo porque estoy agradecido.
      i. Lea Juan 4:9-11. Dios nos ha concedido su amor y desea que respondamos con amor. Si fuéramos como deberíamos ser, nuestro agradecimiento debería derramarse para mostrar amor a Dios y unos a los otros. Fíjese en el versículo 11: «Ya que Dios nos ha amado ________, también nosotros debemos ______________________».
      ii. El amor servicial de Dios debe ser transmitido. Lea Juan 21:15-17. Como ha escrito Kefa Sempangi en *In a Distance Grief*.

> «Puede que esté pensando que dar es una calle de doble sentido, pero, para ser sincero, es un río que fluye. No se detiene ni retrocede, sólo sigue avanzando... pero no será una oportunidad para recompensar a aquellos de quienes ha recibido, será tiempo de pasar su don a otro.»[8]

      iii. Escriba su nombre y su primer motivo para servir: Yo, (nombre) ______________________, he de servir porque_________________.

B. Respuesta #2 —Pragmatismo: Sirvo porque Dios lo ha querido así y espero su bendición en respuesta a mi obediencia.

   i. Lea Isaías 58:6-12. ¿Qué relación tiene el ayuno verdadero, en los versículos 6 y 7, con el servicio?

   Isaías 58:8-12 es una promesa condicional. Identifique las condiciones:

   a.

   b.

   Y las promesas:

   a.

   b.

   c.

   d.

   e.

   f.

   g.

   ii. En suma, Dios nos ha diseñado para funcionar mejor cumpliendo su voluntad en nuestra vida y recibir su bendición sirviendo a otros.
   iii. Escriba su nombre y su segundo motivo para servir: Yo, (nombre) ______________________, he de servir porque______________.

C. Respuesta #3 — Obediencia: Sirvo porque se me ha ordenado hacerlo.

i. Lea Gálatas 5:13-14. Dios nos ha regalado con su amor servicial y anhela que respondamos con amor. No siempre somos como deberíamos, pero eso no significa que estemos exentos del mandamiento de servir. Lo que importa es la ***obediencia*** y se nos manda servir.

ii. Lea Lucas 17:7-10. ¿Qué cosas se exigen al esclavo? (vs. 7-8)

a. Sobre la base de este pasaje, ¿necesita el siervo que se lo agradezcan?
Sí_______ No________ ¿Por qué?

b. ¿Cite dos cosas que distinguen la actitud del siervo? (vs. 10)

iii. Escriba su nombre y su tercer motivo para servir:
Yo, (nombre) ____________________, he de servir porque______________.

Tiempo aparte...

Pase un tiempo adecuado meditando en y/o memorizando:

> Así que nosotros, que estamos recibiendo un reino inconmovible, seamos agradecidos. Inspirados por esta gratitud, adoremos a Dios como a él le agrada, con temor reverente. Hebreos 12:28

Su parte...

A. Cuando sirvió a la gente aplicando estas lecciones, ¿qué recompensas recibió?

Mencione cinco actos de servicio que usted haya realizado y evalúelas sobre la base de estas tres motivaciones para el servicio:

Acto de servicio	Gratitud	Pragmatismo	Obediencia
1.			
2.			
3.			
4.			
5.			

B. Preste algún tipo de servicio *anónimo* esta semana, para que sólo usted y Dios sepan qué es lo que ha hecho. («No se entere tu mano izquierda de lo que hace la derecha». Mateo 6:3)

CINCO

El contexto del servicio

Último capítulo...

En el último capítulo vimos que Dios es servicial, y por tanto, no hay conflicto entre el liderazgo y el servicio. En realidad, un buen líder será un buen seguidor. En el último capítulo, examinamos los tres motivos que tiene el cristiano para servir: (1) amor y agradecimiento al Padre; (2) pragmatismo (p. ej., Dios nos ha destinado a la tarea de servir, y, por tanto, es lo mejor para nosotros); y (3) obediencia a Dios y a sus mandamientos.

Avance...

En este capítulo, vamos a examinar el *contexto* de nuestro servicio. Consideraremos los elementos que definen el servicio. Al igual que las luces que señalan la pista indican el sitio debido en el que un avión ha de aterrizar, así los puntos de contexto proporcionan una guía para el servicio. Aunque pueda haber muchos puntos, examinaremos cinco en esta lección.

Conocer y hacer...

El objetivo en este capítulo es llegar a conocer más plenamente las riquezas de nuestra herencia y permitir que este entendimiento nos ayude a servir a las personas que quizá tendamos a evitar de manera natural.

Estudio...

Primer punto de contexto: Un siervo pertenece a otro

¿A quién pertenecemos, a nosotros o a Cristo?

Para entender este primer punto de contexto —que un siervo no se pertenece a sí mismo—, echemos un vistazo a su *contrario*, que fue expresado por el autor escocés George McDonald como «primer principio del infierno… *que me pertenezco a mí mismo*».

1. La pertenencia a uno mismo

Un pastor ilustró una vez las diferencias entre el cielo y el infierno. Ambos tienen hermosas mesas de banquete repletas de abundante comida. Todos los habitantes de cada ámbito están sentados a la mesa, pero tienen brazos entumecidos que no pueden llevar la comida a la boca. Los del cielo están bien alimentados, pero los del infierno están famélicos. En el cielo cada persona sirve a las demás; pero en el infierno *esperan ser servidos.*

En el infierno, el mundo de cada persona se centra alrededor de sí mismo y sus propias necesidades. Se expresa también con hechos y pensamientos: «Yo soy la persona más importante del universo, el mundo, mi país, mi colegio, mi familia, mi oficina». Para mantener esta preocupación con el yo, los hombres crean sus propios dioses.

A. Lea Gálatas 4:8. Antes que una persona se haga sierva del Dios viviente, es esclava de cosas que «no son Dios». Esas cosas pueden tener apariencia de dioses porque atraen nuestro tiempo, atención y afecto. En realidad, son «dioses falsos».
B. Lea Oseas 8:6 y Jeremías 16:20. ¿Cómo califica Dios estas creaciones?

C. Lea Salmos 135:15-18. ¿Qué significa la frase «semejantes a ellos son sus hacedores»?

D. Lea 2 Timoteo 3:1-5. Este pasaje menciona algunos dioses falsos. En este espacio anote estos dioses falsos y/o sus atributos. Marque con un círculo los que causan problemas en su vida.

E. La palabra «idólatra» procede del griego «ELDOLOLATRES», que significa «siervo de imágenes». O servimos a Dios o servimos a las imágenes.

F. Lea Romanos 6:16, 18. Si servimos a dioses falsos, ¿somos esclavos de ellos?
___________ ¿Pertenecemos a ellos? ______________

G. Lea Filipenses 2:19-22. ¿Qué dice Pablo acerca de la condición de muchos de los cristianos que le rodeaban? (vs. 21)

2. La pertenencia a Jesucristo

> «Pertenecemos a otro, a Jesucristo», entendiendo este primer punto de contexto, vemos que el foco de atención o de preocupación de un siervo es Cristo.

A. En Filipenses 2:20-22, ¿cuáles son las cuatro cosas que distinguen a Timoteo de otros?

B. Lea 1 Corintios 6:19-20.
  i. Según este versículo, ¿a quién pertenecemos?

  ii. ¿Por qué pertenecemos a Él?

  iii. ¿Qué responsabilidad tenemos para con nuestro amo?

C. Lea Gálatas 6:14. Según este versículo, ¿cuál debe ser el foco de nuestra vida, el foco de nuestra jactancia?

Prácticamente hablando, mencione algunas cosas de las cuales se jacta. Tal vez no se jacte en voz alta, pero le pueden proporcionar orgullo, confianza y superioridad. Entre las posibles respuestas: buena apariencia física, empleo, capacidad atlética, riqueza, realización, talentos, educación, herencia familiar, cualidades de carácter, etc.

D. Lea Filipenses 3:4-9.

   i. Mencione las siete cosas de que se podía jactar Pablo. (vs. 5-6)

   ii. ¿En qué «estimaba» Pablo «estas cosas»? (vs. 7-8)

   iii. En el «libro mayor de cuentas», Pablo menciona sus activos humanos en el «pasivo» del mismo. ¿Qué *cosa* menciona como verdadero activo? (vs. 8)

E. Lea Gálatas 2:20.

   i. ¿De quién trata este versículo? ¿Por qué dice esto?

   ii. Mencione las cosas que el versículo declara que Cristo ha hecho por usted.

   iii. ¿Cuántas veces aparecen los pronombres personales «yo» y «mí/me» en este versículo?

   Cristo debe ser nuestro enfoque, sin embargo, no dejamos de existir ni de ser importantes. Hemos de vivir total y abundantemente en Cristo, pero no servir ni pertenecer a falsos dioses.

F. Lea Hebreos 12:1-3. En la carrera de nuestra vida, ¿cuál es nuestro enfoque? ¿Cómo lo mantenemos?

Resumen del primer punto de contexto:
Pertenecemos a otro, por tanto, servimos a Cristo

Segundo punto de contexto: Un siervo es un adorador

1. Lea Mateo 4:10. ¿Cite dos cosas que hemos de hacer para Dios?

2. Más de la mitad de las veces que aparece la palabra «adoración» en la Escritura, se asocia con una palabra o concepto relacionado con el servicio. ¿Qué significa esta asociación? Escriba una declaración que defina el principio de la relación entre adoración y servicio.

3. Una mujer tenía un rótulo de madera en su cocina. Rezaba: «Aquí se celebran servicios de adoración tres veces al día». ¿Qué entendía ella acerca de preparar comidas?

4. Lea Romanos 12:1. ¿Cuál debe ser la respuesta «lógica» a la misericordia de Dios?

Resumen del segundo punto de contexto:
Servimos porque somos adoradores de Dios.

Tercer punto de contexto: Un siervo es un hijo de dios

1. Lea Efesios 1:3-6, este pasaje nos muestra la amabilidad de Dios para con nosotros.

   A. Nos ha escogido *en Él* para que seamos… (vs. 4)

B. Nos predestinó para… (vs. 5)

Efesios 2:2-3 dice que éramos por naturaleza «hijos de desobediencia» e «hijos de la ira». Pero Efesios 1:5 nos asegura que fuimos adoptados en la familia de Dios.

C. Según Efesios 1:3, ¿qué ha dado Dios a sus hijos?

D. ¿Qué significa esto para usted?

2. Lea Efesios 2:4-6.
   A. Mencione las tres cosas que estos versículos afirman que Dios ha hecho por sus hijos.

   B. ¿Qué significa esto por lo que respecta a la manera en que vivimos?

3. Lea Romanos 8:14-17. Nuestro Padre celestial quiere mantener con nosotros una relación íntima. Hemos de acercarnos a Él como «Abba» o «Papá». Pondere este pensamiento un momento… ¡el Creador del universo quiere que le llamemos «Papá»!

   A. ¿Qué significa ser heredero? (vs. 17)

   B. ¿De qué somos herederos? (vs. 17)

   C. ¿Qué significa que somos *co-herederos* con Cristo? (vs. 17)

4. Lea Mateo 7:7-11.

A. Mencione las tres cosas que tiene que hacer un hijo de Dios para acercarse al Padre. (vs. 7)

B. ¿Qué da el Padre al hijo? (vs. 11)

C. ¿Cree usted que la cosa concedida es siempre la cosa solicitada?
Sí___________ No_____________ ¿Por qué?

Resumen del tercer punto de contexto:
Servimos porque somos hijos de Dios.

Cuarto punto de contexto: Un siervo es un miembro del cuerpo de Cristo

Puesto que somos hijos de Dios, formamos parte de la misma familia.

Lea Efesios 1:22-23; Romanos 12:4-5; y 1 Corintios 12:12-14. ¿Qué analogía usa Pablo para describir la intimidad de nuestras relaciones unos con otros y con Cristo?

La expresión «unos a otros» aparece 48 veces en el Nuevo Testamento para describir cómo debemos los cristianos relacionarnos en el Cuerpo de Cristo. Se nos dice, por ejemplo, que nos amemos unos a otros, que nos sirvamos unos a otros y que oremos unos por otros.

Por causa de esto:

El siervo nunca está solo. Él o ella deberían tener las compañías más íntimas, las relaciones más comprometidas y comunión a lo largo de sus vidas. No debe haber «cristianos llaneros solitarios».

Resumen del cuarto punto de contexto:
Formamos parte de la familia de Dios —el Cuerpo de Cristo—
Por tanto, nos servimos los unos a los otros.

Quinto punto de contexto: Un siervo está bajo autoridad

1. Lea Juan 6:38.
   A. ¿La voluntad de quién vino Cristo a cumplir?

   B. En última instancia, ¿qué significó esto para su vida?

   C. ¿Qué da esta obediencia a Dios?

2. Lea los siguientes versículos y mencione algunas maneras en las que nosotros, como siervos, estamos bajo autoridad.

   A. Efesios 5:21

   B. Efesios 6:1

   C. 1 Pedro 2:13-14

   D. 1 Pedro 2:18

   E. 1 Juan 2:3-6

   F. 1 Corintios 11:3

Resumen del quinto punto de contexto:
Servimos porque estamos bajo autoridad

Tiempo aparte...

Tómese tiempo esta semana para meditar en y/o memorizar:

> Conozco tus obras, tu duro trabajo y tu perseverancia... Sin embargo, tengo contra ti que has abandonado tu primer amor. Apocalipsis 2:2a, 4

Su parte...

Acuda al quinto punto de contexto para responder estas preguntas.

1. ¿Tiene problemas para someterse a personas, instituciones o cargos? (Ejemplos: padres, cónyuge, maestro, centro educativo, empleador, pastor, amigo, gobierno, hermano en la fe, cierta ley, etc.).

2. Defina la manera(s) en que debe someterse a ellos.

3. ¿Cómo puede mostrar sumisión a ellos esta semana?

4. Pida a Dios que cambie su actitud y corazón para someterse a esta persona, institución, posición o ley. Comente esto con un amigo/a y solicite estímulo y oración.

El Maestro tejedor entreteje los hilos de nuestra vida para obtener un tejido hermoso. Al llamarnos a servir a aquellos cuyas vidas son influidas por las nuestras, recordemos nuestro primer amor. Nuestro servicio debe permanecer para siempre en el contexto de *su* vida y *su* obra. No sirvamos a otros dioses, ni al dios del servicio o de las buenas obras.

SEIS

La libertad del siervo

Último capítulo...

Al meditar en los capítulos anteriores, hemos descubierto temas nuevos, como por ejemplo que el Dios omnipotente, omnipresente y eterno es servicial. También vimos que, puesto que Cristo es siervo y Rey, el liderazgo piadoso es liderazgo servicial.

Avance...

A menudo, los conceptos que consideramos opuestos son complementarios. En el presente capítulo volveremos a ver que esto es cierto. Creemos que los siervos y los esclavos están bajo yugo de esclavitud. Y lo están. Sin embargo, descubrimos que en Cristo los siervos y los esclavos son libres.

Examinaremos tres áreas principales: (1) la naturaleza de la esclavitud o cautiverio, (2) la naturaleza de la libertad y (3) la práctica de la libertad. Pidamos juntamente que Aquel que ha venido a librarnos nos ayude a entender la libertad que nos ha dado y a vivir como hombres libres.

Conocer y hacer...

El objetivo de este capítulo es conocer mejor la libertad que tenemos en Cristo, traducir esto en la atmósfera de las iglesias donde como cristianos podamos crecer en todo lo que Dios tiene para nosotros.

Estudio...

La naturaleza del cautiverio o esclavitud

1. Use un diccionario para estudiar las palabras «cautiverio», «esclavitud», y «esclavo». Escriba su propia definición de esclavitud en dos frases.

Gente que esclaviza gente… somos una raza de esclavizadores. Esclavizamos a otros institucionalmente y nos esclavizamos a nosotros mismos con nuestros estilos de vida.

2. Esclavitud institucional

   A. Considere estos anuncios en dos periódicos estadounidenses; uno de Charleston, Carolina del Sur, de 1796 y el otro del *The New Orleans Bee*, de 1830. Esta mentalidad considera a las personas como propiedad.

      i. «…No son negros escogidos de una cuadrilla grande para ser vendidos, sino que son la flor y nata. Su dueño actual, con gran dificultad y gasto, los escogió entre muchos para el futuro. Fueron adquiridos para engendrar y criar negros,…».

      ii. «Una negra de 24 años y sus dos hijos (uno de ocho años y otro de tres) dijo que los negros serían vendidos juntos o separados, según se prefiriese».

   B. Hoy se constata esclavitud institucional en las dictaduras, la corrupción, la explotación infantil, la «tráfico de personas en todo el mundo…».

   C. Tanto en el Antiguo como en el Nuevo Testamento, se reconoce como realidad la esclavitud institucional. La ley mosaica prohibía el abuso de esclavos y la vida y la enseñanza de Cristo sentaron las bases para acabar con la esclavitud. No obstante, la esclavitud siguió siendo realidad en las culturas de los tiempos bíblicos.

   D. Lea los siguientes pasajes y describa cómo eran adquiridos los esclavos entre los hebreos.

i. Levítico 25:44-46

ii. Levítico 25:39-43

iii. Éxodo 21:2-4

iv. Éxodo 21:5-6

E. Debemos recordar que, en el mundo romano del primer siglo, el 80 por ciento de la población eran esclavos. La esclavitud traspasaba los gremios vocacionales. Profesionales como artistas y médicos eran esclavos, lo mismo que otros obreros «manuales» como cocineros o labradores. Lea 1 Pedro 2:18-19.

i. ¿Qué asume Pedro?

ii. ¿Qué consejo da a los cristianos esclavos? (vs. 18)

iii. ¿Por qué da este consejo? (vs. 19)

3. Otras definiciones de esclavitud

En los tiempos que corren no sólo se experimenta esclavitud institucional. La gente puede estar esclavizada por otras causas, tal como:

A. Estructuras socio-políticas que limitan la libertad de expresión, prensa, religión, educación, etc.

B. Carencia de las necesidades básicas de la vida: empleo, asistencia médica, alimentos, etc.

C. Los valores, jerarquía y estilos de vida del mundo, la esclavitud de salirse con la suya.

D. Esclavitud espiritual, estar bajo el yugo del pecado y de la muerte.

4. ¿Qué áreas de esclavitud ha observado usted personalmente?

A. ¿En otros?

B. ¿En usted mismo?

La naturaleza de la libertad

1. La obra de Cristo para ganar nuestra libertad

A. Lea 2 Corintios 3:17. ¿Qué hallamos cuando encontramos el Espíritu del Señor?

B. Lea Gálatas 5:1, 13.

i. ¿A qué nos ha llamado Cristo?

ii. ¿Qué advertencia se nos hace? ¿De qué debemos ser conscientes?

C. La palabra griega «ELEUTHERIA» significa «libertad» aparece en los tres pasajes previos. W. E. Vine, en su Diccionario Expositivo de Palabras del Nuevo Testamento, explica el método de liberación de un esclavo:

«...entre los griegos se efectuaba por ficción legal, según la cual el manumiso (liberto) esclavo era adquirido por un dios; dado que el esclavo no podía suplir el dinero, el amo lo pagaba al tesoro del templo en presencia del esclavo, con un documento que contenía las palabras «para libertad» (ELEUTHERIA). Nadie podía volver a esclavizarlo, ya que era propiedad del dios.»

Esta es una de las maravillas que Dios ha hecho. El mito de la sociedad griega —que un esclavo fuera adquirido por un dios— lo llevó a efecto Cristo en la historia.

D. La noción de libertad también está implícita en otra palabra griega, «AGORAZO», que significa «comprar». El ÁGORA era el mercado de las ciudades antiguas, donde la gente acudía a comprar y vender sus mercaderías. (También eran llevados los esclavos para ser vendidos en el mercado). La palabra «AGORAZO» significa «comprar o adquirir en el mercado por el precio debido». Una palabra afín «EXAGORAZO», que significa «redimido», se usaba especialmente en los casos en que se adquiría esclavos para libertarlos.[10] «EXAGORAZO» se usa en las siguientes Escrituras.

i. Lea 1 Corintios 7:23. ¿Cómo nos libertó Cristo?

ii. Lea 1 Pedro 1:18-19 y Apocalipsis 5:9. ¿Qué precio se pagó para liberarnos?

E. Lea 1 Corintios 7:20-24. Recuerde que la esclavitud legalizada era un estilo de vida y que muchos cristianos eran esclavos.

i. Cuando un esclavo se hacía cristiano, ¿qué sucedía? (vs. 22a)

ii. Cuándo un liberto se hacía cristiano, ¿qué sucedía? (vs. 22b)

Tenga en cuenta que la institución de la esclavitud era *secundaria* para la verdadera libertad.

iii. Escriba el principio establecido en estos versículos usando sus propias palabras.

2. Nuestra libertad está en Cristo.

   Lea Gálatas 2:4. Considere que nuestra libertad está en CRISTO. Hechos 17:28 y Efesios 1:3-14 afirman que todo lo que somos y tenemos es en Cristo.

3. Tres elementos principales de nuestra Libertad.
   A. Libertad legal: Libertad *del* castigo del pecado y libertad *con* Dios. Lea Romanos 8:1 y complete lo siguiente: «En Cristo soy libre porque ________________».
   B. Libertad personal: Libertad *de* la propensión al pecado y libertad *para* vivir en justicia. Lea Romanos 6:2-7, 18, 22. Complete lo siguiente: «En Cristo soy libre porque ________________».
   C. Libertad social: Libertad *de* la codicia y libertad *para* amar y servir a otros. Lea Gálatas 5:13-15. Esta libertad social hace que los cristianos sean «esclavos por amor». Complete lo siguiente: «En Cristo soy libre porque ________________».

La práctica de la libertad

1. Libertad del corazón

   Lea 1 Pedro 2:18-19 y Colosenses 3:22.
   A. ¿A quién se refiere?

   B. ¿Qué se les manda hacer?

C. ¿Cuál debe ser su actitud?

D. Richard Foster, en su obra *Celebración de la disciplina*, ha resumido la actitud bíblica:

«Lo revolucionario acerca de esta enseñanza es que esas personas, a quienes la cultura del primer siglo no concedía ninguna elección, son tratadas como agentes morales libres. Pablo concedía personalidad moral a los que no tenían posición legal o moral en su cultura. Hizo que personas que tenían prohibido tomar decisiones fueran libres para elegir».[11]

El yugo de Cristo significa libertad; libre de Cristo significa ser esclavo del mundo.

2. Forma y libertad
   A. En la sociedad secular moderna se define la libertad como ausencia de restricciones. El ideal es la libertad absoluta —hacer lo que se quiera y cuando se quiera—. Este concepto de libertad no es libertad en absoluto; es anarquía. La verdadera libertad siempre tiene límites. ¿Cuándo es más libre un tren? ¿Sobre las vías o fuera de ellas?

   B. Francis Schaeffer, de la comunidad L'Abri, describió el equilibrio en el que vivimos como hombres libres. Explicó que la gente suele ver la verdad o la ortodoxia doctrinal en términos rígidos, como un punto en una línea:

   ------------------------------X--------------------------------------

   Todo lo que hay a la derecha del punto es CORRECTO; todo lo que hay a la izquierda es INCORRECTO. Sin embargo, Schaeffer dijo: «Cristo describe la verdad de una manera dinámica; Él establece principios —no: haz esto, no hagas aquello— que deben guiar nuestra vida:

(--)

La fe de un cristiano puede correr peligro fuera de los extremos, pero hay libertad entre esos puntos. Guías como los Diez Mandamientos y las palabras y la vida de Cristo pasan a ser los principios rectores —las formas—, los límites de nuestra libertad. El ministerio del Espíritu Santo y la mente de Cristo pasan a ser los principios rectores de nuestras vidas, que señalan dónde debemos estar, en cualquier momento, dentro de esos límites establecidos.

En cuestiones de certidumbre en la Escritura debe haber unidad entre todos los cristianos. En cuestiones de opinión, debe haber libertad para que cada cristiano adopte su propia postura. En todos los asuntos debe reinar la caridad.

3. Tres principios para la vida cotidiana[12]

    A. El principio de la Libertad

        i. Vuelva a leer Gálatas 5:1, 13a.

        ii. Lea Juan 10:7-10.

        iii. Complete la siguiente frase: «En Cristo soy libre para ___________».

        iv. Aunque el principio de la libertad despliega libre elección y vida delante de nosotros, no es sin límites. El principio de la libertad queda restringido por los dos principios siguientes. El principio del amor predomina sobre la libertad cuando nos relacionamos con otros cristianos y el principio de la conveniencia contrarresta nuestra libertad cuando nos relacionamos con no cristianos.

B. El principio del amor (aplicado a los cristianos)

Vuelva a leer Gálatas 5:13b, Filipenses 2:2-4 y 1 Corintios 8:9-13.

i. Según Filipenses 2:3, ¿cuál debe ser mi actitud para con otros cristianos?

ii. Complete la siguiente frase: «Cuando me relaciono *con hermanos creyentes*, mi libertad es limitada porque ____________________».

C. El Principio de la Utilidad (aplicado a los no creyentes)

i. Lea 1 Corintios 9:19-23 y 1 Corintios 10:23-24. ¿Qué se ha hecho Pablo? (vs. 22)

¿Por qué ha restringido Pablo su libertad? (1 Corintios 9:22-23)

ii. Complete la siguiente frase: «Cuando me relaciono *con mis semejantes*, mi libertad es limitada porque ____________________».

Hemos sido hecho libres para servir. Martin Lutero lo expresó muy bien: «El cristiano es el señor más libre de todos y no está sujeto a nadie; el cristiano es el siervo más concienzudo que hay y está sujeto a todos».[13]

Tiempo aparte...

Tómese tiempo esta semana para meditar en y/o memorizar:

> Porque ustedes han sido llamados a ser libres; pero no se valgan de esa libertad para dar rienda suelta a sus pasiones. Más bien sírvanse unos a otros con amor. Gálatas 5:13

Su parte...

Lea los tres ejercicios siguientes de aplicación:

1. Vuelva a leer hasta la sección 3b. Piense en un área de esclavitud en su estilo de vida (por ejemplo, necesidad imperiosa de hacer las cosas a su manera, una insaciable dependencia de otra persona, etc.)

2. Busque un área en la que usted ata a las personas cuando la Escritura permite libertad (p. ej. «nunca beba», «nunca vaya al cine», «no...»).

3. Identifique un área de su vida en la que ejerció su libertad y ofendió a alguien (por ejemplo, beber, ir al cine...).

Escoja ahora una de las áreas anteriores.

1. Identifique el área de necesidad en su propia vida.

2. Diseñe un plan en oración para someter esta área al control de Dios.

Comparta su plan con un amigo o con su grupo. Ore, comience a aplicar el plan y notifique el resultado.

SIETE

El sufrimiento del siervo

Último capítulo...

En los últimos dos capítulos, hemos visto el contexto del servicio y la libertad del cristiano para servir.

Avance...

En este capítulo, examinaremos el sufrimiento que se experimenta en la vida cristiana.

1. No nos detendremos en el sufrimiento que acarreamos sobre nosotros mismos por nuestras decisiones pecaminosas o por un martirio autoimpuesto.

2. Del mismo modo, no vamos a tratar el tema del mal en el mundo. (El mal es responsable de mucho sufrimiento, pero nuestro enfoque es el sufrimiento de Cristo y su homólogo en las vidas de sus seguidores).

3. Examinaremos la entrada del sufrimiento en el mundo como consecuencia de la Caída.

4. Examinaremos cómo puede Dios usar incluso las calamidades que nos sobrevienen para nuestro bien.

5. Examinaremos el sufrimiento de Cristo y la naturaleza y «sentido» del sufrimiento para los cristianos.

Conocer y hacer...

Trataremos de entender que el sufrimiento que encontramos en la vida cristiana puede ser usado por Dios para moldearnos y madurarnos en Cristo. Examinaremos formas concretas para ayudar a ministrar a alguien que está sufriendo.

Estudio...

La comodidad, la paz personal y la prosperidad destacan entre los valores más sagrados y deseados de la sociedad occidental. Sacrificamos casi cualquier cosa, incluso a Cristo, por esta «buena vida».

Actuamos como si creyéramos que lo bueno es lo cómodo y lo que nos hace sentir bien. A la inversa, si algo duele, es difícil y exige un esfuerzo, entonces es malo. La paz personal —el evitar los problemas y las pruebas— se torna prioritario. La prosperidad —tener lo que queramos, cuando lo queramos— es otro objetivo importante. Desgraciadamente, las metas de la sociedad secular suelen convertirse en metas de la Iglesia.

Por tanto, la prosperidad y la riqueza se han empotrado en nuestra teología: «Dios desea lo mejor para su pueblo y lo mejor es una buena vida». Esta teología no da cabida a los pobres, ni a los países en vías de desarrollo, ni a las bienaventuranzas. Si uno no tiene lo mejor, es por falta de fe —ha fallado en «nombrarlo y reclamarlo».

¡Qué triste y necio debe parecer esto al refugiado somalí que ha conocido a Cristo! ¡Qué irreverente debe parecer a la iglesia de un país pobre o de Corea del Norte! Esto debe hacer llorar al Padre.

Dicho esto, no obstante, hay que evitar glorificar la pobreza, el sufrimiento y el conflicto. Debemos procurar no reaccionar a la «teología de la comodidad» haciendo del sufrimiento nuestra meta y fuente de orgullo.

El ideal divino es que su pueblo tenga lo mejor, pero nunca debe definirse lo mejor exclusivamente en términos materiales. En realidad, un mundo caído está marcado por el sufrimiento. Sin embargo, el sufrimiento no carece de propósito o beneficio.

La caída — la entrada del sufrimiento en el mundo

1. Antes de la caída, todo lo que Dios había hecho estaba en armonía con Él. En efecto, en Génesis 1:3-31, Él evalúa cada

acto de la creación con una de estas dos expresiones: «Y vio Dios que era bueno», o «y sucedió así».

2. Lea Génesis 3:1-7. Registra el principio de la rebelión del hombre contra Dios.

3. Lea Génesis 3:8-19. Ya se aprecian las consecuencias de la caída. La caída acarreó dolor y sufrimiento en el mundo.

   A. ¿Cómo afectó a la mujer en el parto? (vs. 16)

   B. ¿Cómo afectó al hombre en su trabajo? (vs. 17-19)

4. Lea Romanos 8:18-23.

   A. ¿Qué palabras se usan para describir el sufrimiento en el orden creado? (vs. 20-22)

   B. ¿Qué palabras describen *nuestro* sufrimiento? (vs. 23)

   C. ¿Qué estamos esperando? (vs. 23b)

   D. ¿Qué está esperando el resto de la creación? (vs. 19, 21)

5. Como vimos en Romanos 8:20-21, el sufrimiento es normal en un mundo caído. Como cristianos aceptamos su realidad, nos esforzamos y oramos contra él. No hemos de buscarlo, ni pretender que no existe. Como enseña Efesios 6:10-18, sostenemos una batalla contra las fuerzas del mal; y tenemos que estar equipados para librarla.

6. Debido a que la caída supuso que el sufrimiento sea lo normal, todo el mundo sufre. Surgen estas cuestiones: «¿Sufrimos por causa de nuestra insensatez o por la de otros? ¿Produce el sufrimiento amargura o fe, degeneración o crecimiento?».

En su obra *En pos de lo supremo*, Oswald Chambers dice:

«Decimos que no debería haber tristeza, pero la hay, y nos vemos obligados a pasar por el fuego. Si intentamos evadir la tristeza, si rehusamos aceptarla, seremos insensatos. La tristeza es uno de los grandes hechos de la vida; no sirve de nada lamentarse diciendo que no debería existir. El pecado, la tristeza y el sufrimiento existe, y no nos corresponde afirmar que Dios ha cometido un error al permitirlos».

«La tristeza consume mucha superficialidad, pero no siempre logra que un hombre sea mejor. Una de dos: el sufrimiento me otorga mi yo o me lo destruye».[14]

El siervo sufriente

1. Como hemos descubierto en estudios previos, Cristo es el siervo.

2. El evangelio de Marcos se suele calificar como evangelio del siervo. En Marcos 10:45, Jesús resume el tema del evangelio diciendo: «El Hijo del hombre… [vino] para servir y para dar su vida en rescate por muchos». Hasta este punto de la narrativa se ha descrito el *servicio* de Cristo; después de este punto, se describe su *sufrimiento*.

3. El pasaje de escritura que describe al siervo sufriente, Isaías 52:13, 53:12, suele recibir el nombre de «Quinto evangelio». Lea el pasaje y mencione de qué maneras el Mesías sirvió en su sufrimiento.

4. Además de sufrir físicamente en la cruz, Cristo también soportó gran rechazo a lo largo de su vida. Lea los siguientes pasajes y mencione las personas que rechazaron a Cristo.

   A. Marcos 3:21

   B. Juan 5:16-18

   C. Mateo 26:56b

   D. Mateo 26:47-50

   E. Mateo 27:20-23

   F. Lucas 22:54-62

   G. Mateo 27:45-46

5. Cristo sufrió por dos razones principales. Es imprescindible para nuestra vida en Cristo entender ambas. Lea los siguientes pasajes. Identifique las dos razones y describa lo que significa cada una de ellas para su propia vida.

   A. Razón #1: ______________________________
   (Juan 1:29 y 1 Juan 2:2)

   B. Razón #2: ______________________________
   (1 Pedro 2:20b-21)

La naturaleza del sufrimiento del cristiano

1. El sufrimiento forma parte de nuestro llamado.

   A. Lea 1 Pedro 2:20-21 y 1 Pedro 3:14, 17.

      i. ¿Cómo describe Pedro esta parte de nuestro llamado? ¿Por qué sufrimos?

      ii. ¿Qué ejemplos se podrían dar hoy de «sufrir por hacer lo bueno»?

      iii. ¿En qué difiere este sufrimiento del que experimenta el mundo a consecuencia de la Caída y el pecado (el sufrimiento por «hacer el mal» mencionado en 1 Pedro 3:17)?

   B. Lea Filipenses 1:29. Cite las dos cosas en que consiste nuestro llamamiento, según este pasaje de la Escritura.

   C. Estamos agradecidos por el primer aspecto de nuestro llamado —creer en Él—. ¿Cómo reacciona usted al segundo aspecto de nuestro llamado? ¿Qué piensa o siente al respecto?

2. El sufrimiento es parte de nuestra gloria.

   A. Lea 1 Pedro 4:12, 16, 19.

      i. En un país en el que la libertad de culto es nuestra herencia y derecho, ¿cómo sufrimos? ¿Cómo somos insultados por el nombre de Cristo? ¿Incluye nuestro sufrimiento el que la gente «se aproveche» de nuestra disposición a servir?

B. Lea Romanos 8:17-18. ¿Qué sigue al sufrimiento del siervo?

El comentarista bíblico William Barkley ha declarado que «sufrir con Cristo no es un castigo, es nuestra gloria».

El objetivo del sufrimiento

1. C.S. Lewis dijo: «Las torturas ocurren. Si fueran innecesarias, no habría Dios o sería malo. Si Dios existe, estas torturas son necesarias».[15]

2. Lea Hebreos 2:9-10, 17-18.

   A. ¿Qué Hizo Dios Padre con Cristo? («al autor de la salvación de ellos») (vs. 10b)

   B. ¿Qué medios usó el Padre? (Hebreos 2:10b,18a)

   C. ¿Cuál fue el resultado de este proceso para Cristo? (Hebreos 2:17, 18b)

2. Lea Hebreos 5:8.

   A. ¿Qué aprendió Cristo?

B. ¿Cómo lo aprendió?

Note que el sufrimiento se puede aprovechar como medio de aprendizaje. Puede producir crecimiento. Cristo mismo fue «cualificado» para guiarnos por causa de su sufrimiento.

3. Lea 2 Corintios 11:23-33. En este pasaje, Pablo menciona los aspectos del sufrimiento que él había soportado.

   A. Mencione los sufrimientos de Pablo que usted se imagina fueron los más difíciles para él.

   B. ¿Cómo responde usted a los sufrimientos de Pablo? ¿Ha considerado que el sufrimiento es una parte que cabe esperar en la vida cristiana o algo que sólo sucede a los «infieles»?

4. Lea Santiago 1:2-4.

   A. Como cristianos no *buscamos* el sufrimiento, pero ¿cuál ha de ser nuestra actitud cuando afrontamos distintas pruebas? (vs. 2)

La paráfrasis que hace J.B. Phillips de este versículo afirma que no hemos de rechazar las pruebas como intrusas, sino darles la bienvenida como amigas.

   B. ¿Por qué hemos de exhibir esta actitud? ¿Intentamos ser mártires? ¡No! Hemos de exhibir esta actitud porque somos conscientes de que Dios nos está moldeando a la imagen de Cristo hasta que seamos: «perfectos (santos) e íntegros (completos) sin que nos falte de nada». (vs. 4)

   Prueba ------------ Paciencia -------- Perfección/realización

C. A veces pedimos para recibir el amor de Cristo, pero la única manera de que ese amor se manifieste y exhiba en nuestra vida es toparse con alguien desagradable. Análogamente, pedimos paciencia, pero la única manera de aprender paciencia es en el aula de la tensión. Oramos por esperanza, pero el único lugar que hay para aprender esperanza es encontrarse en una situación irremediable. Oramos por humildad, pero la única manera de aprender humildad es cuando nuestra vida se desmorona. No ore para ser como Cristo y busque luego maneras de huir de su sufrimiento, ya que las pruebas y el sufrimiento pueden ser respuesta a su oración.

5. El devocional *Manantiales en el desierto*, en su séptima lección del mes de septiembre, enseña cómo debe el cristiano responder a las pruebas.

«Dios usa las dificultades para enseñar a sus hijos lecciones preciosas. Tienen por objeto educarnos. Cuando han llevado a cabo su buena obra, recibimos a través de ellas una recompensa gloriosa. Hay dulce gozo y verdadero valor en las pruebas. El cristiano no considera que son obstáculos, sino oportunidades.» (Texto seleccionado)[16]

y

«Hay dos maneras de huir de una prueba. Una es intentar deshacerse de ella y dar gracias cuando ha pasado. La otra es reconocer la prueba como desafío que Dios nos envía para reclamar mayor bendición que las antes recibidas y saludarla con agrado como una oportunidad para obtener mayor medida de la divina gracia. De este modo, incluso la adversidad sirve de ayuda, y las cosas que parecen contrarias a nosotros resultan ser para nuestro progreso. A buen seguro, esto es ser más que vencedores por medio de Él que nos amó». (A.B. Simpson)[17]

6. Del mismo modo, la lectura del 9 de enero de *Arroyos en el desierto* proporciona una hermosa ilustración de la mano de Dios en los tiempos difíciles de nuestra vida:

   «De hecho, considero que en nada se comparan los sufrimientos actuales con la gloria que habrá de revelarse en nosotros». Romanos 8:18

   «Por casi un año es protegido el capullo, cuya forma se asemeja a la de un frasco, de la polilla emperador. Es un proceso muy peculiar. Queda una pequeña abertura en el cuello del frasco, a través de la cual el insecto, ya hecho, fuerza su salida, de manera que el capullo que queda luego está tan entero como el que estaba ocupado, sin producirse ruptura alguna de las fibras entrelazadas. La gran desproporción entre el conducto de salida y el tamaño del insecto encerrado hace que uno se maraville de cómo es posible que se produzca la salida, la cual nunca se efectúa sin gran esfuerzo y dificultad. Se supone que la presión a la que es sometido el cuerpo de la polilla para pasar por tan estrecha abertura es una provisión de la naturaleza para obligar a los jugos a circular a través de los vasos sanguíneos de las alas, menos desarrolladas cuando salen de la crisálida que en otros insectos».

   «Yo presencié los primeros esfuerzos de una polilla encerrada para escapar a su prolongado confinamiento. Durante toda una mañana, de vez en cuando, observé cómo se esforzaba y luchaba por salir. No parecía capaz de superar cierto punto, y se me agotó la paciencia. Probablemente las fibras del confinamiento estaban más secas y eran menos elásticas que si el capullo hubiera estado todo el invierno en su brezo nativo, como debiera ser por naturaleza. Durante todo el proceso, pensé que era más sabio y más compasivo que su Hacedor, y decidí echarle una mano. Con la punta de las tijeras corté los hilos restrictivos para hacer que la salida fuera un poco más fácil y, he aquí que, inmediatamente, con gran facilidad, salió mi polilla arrastrando un gran cuerpo hinchado y alas pequeñas y arrugadas. En vano esperé ver el maravilloso proceso de expansión en el que éstas se desarrollan rápida y silenciosamente ante tus propios ojos; y mientras escrutaba los exquisitos puntos y las marcas multicolores, presentes en miniatura, deseé que éstos alcanzaran sus debidas proporciones y que la criatura apareciera en toda su belleza, tal como es, en verdad, una de las más hermosas de su especie. Pero fue en vano. Mi falsa ternura precipitó su ruina. No fue nada más que un aborto atrofiado, arrastrándose penosamente en su brevísima vida, que debería haber dedicado a revolotear con alas arcoíris. Pienso a menudo en ello, cuando observo con ojos de lástima a los que soportan tristeza, sufrimiento y angustia; yo, de buena gana, acortaría la disciplina y les otorgaría liberación. Mas ¡ay!, ¡hombre miope! ¿Cómo sé yo que esas angustias o gemidos pueden ser pasados por alto? El amor perspicaz, perfecto, el que procura la perfección de su objeto, no se apoca débilmente ante el sufrimiento actual, pasajero. El amor de nuestro Padre es demasiado real para ser débil. Puesto que ama a sus hijos, les castiga para que puedan participar de su santidad. Con este objetivo glorioso en mente, no les libra de sus lágrimas. Perfeccionados por sus sufrimientos, como lo fue el Hermano mayor, los hijos de Dios son instruidos para obediencia y llevados a la gloria a través de mucha tribulación».[18]

La victoria por medio del sufrimiento

1. Como siervos somos incapaces de cumplir la tarea que Dios nos ha encomendado. Pero Dios es suficiente para cumplir la tarea que nos ha asignado.

2. Lea 2 Corintios 12:7-10. Pablo tuvo un «aguijón en la carne». Este aguijón es algo que le causaba gran dificultad y sufrimiento.
   A. Según 2 Corintios 12:8, ¿cuántas veces oró para que le fuera quitado? ¿Se lo quitó Dios?

B. Cite dos promesas relacionadas que le hizo Dios. (vs. 9)

C. Cite las dos razones que da Pablo por lo que respecta a su contentamiento con la debilidad. (vs. 9-10)

D. ¿Cómo puede esta perspectiva influir en su vida?

E. Dios manifiesta su fortaleza a través de nuestra debilidad. Ponga un ejemplo de esto en su propia vida.

3. Lea Filipenses 4:13. ¿Recuerda otros tres pasajes de Escritura que prometen la ayuda de Dios en tiempos de prueba?
A.

B.

C.

5. Tenemos que permitir que Dios actúe en nosotros en tiempos de sufrimiento. Él interrumpe su obra cuando rehusamos perdonar a nuestros enemigos y permitimos que la amargura arraigue y se hinche. No nos beneficiaremos del sufrimiento a menos que perdonemos. ¿Qué nos enseñan los tres pasajes siguientes?

A. Mateo 18:21-22

B. Mateo 6:14-15

C. Hebreos 12:14-15

El sufrimiento de un siervo —repaso

El sufrimiento... es común al hombre, a consecuencia de la Caída. Cristo, el siervo, sufrió para que la humanidad pudiera superar los efectos de la misma. Hemos de imitar su ejemplo y sufrir por su causa. El sufrimiento forma parte de nuestro llamado y de nuestra gloria. Si se lo permitimos, Dios usará nuestras pruebas para nuestro crecimiento y perfección. Debemos reconocer que la victoria llega a través del sufrimiento. También debemos tener en cuenta que, en tiempos de sufrimiento, Dios el Padre nos tiene en la palma de la mano.

Tiempo aparte...

Tómese tiempo esta semana para meditar en y/o memorizar:

Hermanos míos, considérense muy dichosos cuando tengan que enfrentarse con diversas pruebas, pues ya saben que la prueba de su fe produce constancia. Y la constancia debe llevar a feliz término la obra, para que sean perfectos e íntegros, sin que les falte nada. Santiago 1:2.4

Su parte...

1. Busque una experiencia dolorosa en su vida pasada que le causara amargura.
   A. ¿Cuál fue esa experiencia?

B. ¿Cómo respondió?

C. ¿Qué cree usted que Dios quería enseñarle a través del sufrimiento?

D. ¿Cómo pudo haber respondido de manera que infundiera fe y crecimiento?

E. Tómese tiempo para pedir a Dios que le perdone y deshaga toda amargura que aún pueda quedar y que impide su caminar con Dios.

2. Identifique esta semana a alguien que esté sufriendo. Busque una manera de servir a esa persona.

3. Piense en una causa actual de sufrimiento en su vida. ¿Cómo puede permitir que Dios la use para asegurar su crecimiento?

OCHO

La actitud del siervo

Último Capítulo...

En las lecciones anteriores hemos visto que nuestra ambición en la vida ha de ser servir a las personas en el nombre de Cristo. Hemos visto ejemplos de siervos, la motivación para servir y el contexto del servicio. También descubrimos que no nos pertenecemos a nosotros mismos, sino a Cristo.

Avance...

En este capítulo, nos centraremos en la actitud que debemos tener como siervos. Es, por supuesto, posible servir de manera seca, mecánica («Es mi deber; lo hago porque hay que hacerlo»). Es también posible servir a regañadientes. Pero Dios ha hecho posible que sirvamos con corazones alegres y dispuestos.

Al considerar el amor que Dios nos ha mostrado en su Hijo Jesucristo, vemos que somos libres para darnos por amor. ¿Cuál debe ser, pues, la actitud de corazón y ante la vida? Pidamos a Dios que forje en nosotros la mente y la actitud de Cristo para servir.

Conocer y hacer...

El objetivo de este capítulo es entender que las actitudes tienen consecuencias en el estilo de vida; para identificar una actitud tenemos que cambiar y tratar de hacerlo de manera concreta.

Estudio...

Humildad de la mente

1. En el Capítulo 2, examinamos Filipenses 2:1-11 y los siete pasos de la humillación de Cristo. Esta es la actitud —disposición de mente y de corazón— que debemos tener como

seguidores de Jesucristo. Mencione el contraste de actitudes que hay en Filipenses 2:3-5:

El amo mundano	**El siervo piadoso**
A.	A.
B.	B.
C.	C.

Las actitudes contrapuestas antes indicadas se pueden resumir con las palabras «orgullo» y «humildad». El orgullo es el curso del hombre en su estado natural, mientras que la humildad es un don que Dios concede.

2. Escriba la definición de cada palabra valiéndose de un diccionario.

   A. Orgullo

   B. Humildad

3. Use una concordancia o diccionario bíblico para descubrir el uso bíblico de cada palabra.

   A. Orgullo

   B. Humildad

4. ¿Qué otras palabras significan lo mismo?

   A. Orgullo

   B. Humildad

5. La humildad consiste en tener una perspectiva correcta de Dios y de uno mismo, mientras que el orgullo nace de una

perspectiva incorrecta de ambos. ¿Qué sugieren los siguientes versículos acerca de esto?

A. Jeremías 9:23-24

B. 2 Corintios 10:17-18

6. ¿Qué piensa Dios de una persona humilde? ¿Por qué cree usted que Dios valora tanto la humildad? Lea 1 Pedro 5:5-7.

7. ¿Cómo llega uno a ser humilde?

   A. Marque una:

      i. Concentrándose en ser humilde ____ ¿Por qué o por qué no?

      ii. Concentrándose en la persona de Jesús ___ ¿Por qué o por qué no?

   B. ¿A quién le incumbe hacernos humildes? Véase Santiago 4:10 y Lucas 14:11.

   C. Si 7.A.ii no ocurre, ¿qué ocurrirá? Véase Lucas 14:11 y Proverbios 16:18.

8. Lea Lucas 14:7-15: la Parábola de los convidados a las bodas y las instrucciones sobre la etiqueta.

   A. ¿Cómo actuó el orgulloso en cada ilustración?

   B. ¿Cómo actuó el humilde en cada ilustración?

9. La humildad reposa sobre el cristiano cuando se preocupa de Aquel que es superior a sí mismo —Jesucristo—. El orgullo nace cuando nos preocupamos de nosotros mismos. El orgullo puede adoptar dos formas:

   A. Tener un concepto muy elevado de nosotros mismos —«Dios no puede arreglárselas sin nosotros».

   B. Tener un concepto muy bajo de nosotros mismos —«Dios no puede hacer nada a través nosotros».

   Ambas actitudes se centran erróneamente en el yo.

10. ¿Qué ilustran los siguientes versículos?
   A. 1 Corintios 12:15-17

   B. 1 Corintios 12:21

11. ¿Con qué forma de orgullo (preocupación con el yo) tiene usted problemas?

12. ¿De qué manera se revela el orgullo en su vida?

13. Lea Romanos 12:1-3. ¿Cómo pueden estos versículos ayudarnos a contrarrestar la tendencia al orgullo?

La actitud de corazón del siervo

1. La actitud de corazón del siervo para con Dios

   A. ¿Qué actitud se expresa en los siguientes versículos?

      i. 1 Corintios 16:13-14

      ii. Hebreos 11:8

   B. En cada uno de los pasajes ilustrativos que siguen, póngase en lugar de la persona de que se trata. Describa lo que tenía que temer cada persona y explique la respuesta de cada una al llamado de Dios.

      i. Lucas 1:26-38 (María)

         a. Temor

         b. Respuesta

      ii. 1 Samuel 3:1-18 (Samuel)

         a. Temor

         b. Respuesta

      ii. Hechos 9.10-19 (Ananías)

         a. Temor

         b. Respuesta

El siervo ama profundamente a Dios y tiene profunda confianza en circunstancias inciertas.

2. La actitud de corazón del siervo para con su ministerio
   A. Lea Juan 8:50, 54. ¿Hacia quién atrajo atención Cristo?

   B. Lea Juan 16:13-14. ¿Hacia quién atrajo atención el Espíritu Santo?

   Note que tanto Cristo como el Espíritu Santo se «centran en otro». Sus luces no se iluminan a sí mismos, sino a otro.

   C. En sus propias palabras, resuma lo que enseña Mateo 6:1-2, 5, y 16.
   Un pastor de Kenia dijo en cierta ocasión que un buen siervo se hace patente por su labor, no por su presencia; se ve el servicio, no el siervo.

   «La finada Indira Gandhi declaró una vez: "Mi abuelo me dijo que hay dos clases de personas: las que hacen el trabajo y las que reciben el reconocimiento. Me dijo que procurara militar en el primer grupo porque en él había mucha menos competencia». Al siervo del Señor no debe importarle quién recibe reconocimiento, pero se preocupa grandemente de que sea el Señor quien lo recibe"».

   «Un nutrido grupo de pastores europeos asistió a una de las conferencias bíblicas de Moody en Northfield, Massachusetts, a finales del siglo XIX. Siguiendo la costumbre europea de la época, cada uno de los invitados dejó sus zapatos en el pasillo para que los sirvientes los limpiaran por la noche. Pero, por supuesto, aquello era Estados Unidos y no había sirvientes que hicieran esa labor.
   Cuando pasó Moody aquella noche por los pasillos, vio los zapatos y resolvió no avergonzar a sus hermanos.

Mencionó la necesidad a algunos estudiantes que se preparaban para el ministerio, allí presentes, pero recibió silencio y excusas piadosas por respuesta. Moody volvió al dormitorio, recogió los zapatos, y solo, en su habitación, el más famoso evangelista del mundo se puso a limpiar y lustrar zapatos. Únicamente la llegada inesperada de un amigo cuando se hallaba en plena faena reveló el secreto.

Cuando los visitantes extranjeros abrieron la puerta de sus habitaciones, a la mañana siguiente, sus zapatos estaban limpios. Nunca supieron quién lo hizo... Tal vez el episodio encierra la clave de por qué Dios usó a D. L. Moody como lo hizo. Fue un hombre con corazón de siervo». (Gary Inrig, Career Life Times, abril, 1989).

El ministerio del siervo se ha de llevar a cabo de tal forma que dirija la atención a Dios y le glorifique.

3. La actitud de corazón del siervo hacia otras personas

   A. Lea Hebreos 5:1-2. Considere que cada creyente participa ahora del sacerdocio (1 Pedro 2:5, 9) y ha recibido un método «sacerdotal» para tratar con la gente.

      i. Lea Hebreos 5:2. ¿Cuál debe ser la actitud sacerdotal del siervo?

      ii. ¿Hacia qué tipo de personas se muestra esta actitud?

         a.

         b.

iii. ¿Cuál es su actitud natural hacia ese tipo de personas?
   a.

   b.

iv. ¿Qué hay que tener en cuenta para mostrar una actitud más piadosa?
   a. Lea Lucas 13:10-16 y Marcos 6:31-34, 46. ¿Qué actitud exhibió Jesús en esas ocasiones?

   b. Lea Lucas 10:30-37. Mencione cómo respondían los religiosos egocéntricos y los samaritanos centrados en el prójimo a una necesidad.

Egocéntricos	**Centrados en el prójimo**
1.	1.
	2.
	3.
	4.
	5.
	6.

B. Las dos palabras que describen la actitud del samaritano son

«compasión» y «misericordia». Use un diccionario, concordancia o
diccionario bíblico para descubrir el rico significado
de estas palabras.

Compasión

Misericordia

El siervo ha de tener una actitud compasiva para con los que sirve

4. La actitud de corazón del siervo ante las posesiones.

   A. Lea Hechos 20:33-35. ¿Qué actitud tuvo Pablo ante:

      i. Las posesiones de otras personas? (vs. 33)

      ii. El uso de sus propias posesiones? (vs. 34, 35)

         a.

         b.

         c.

      iii. ¿Por qué es de mayor bendición dar que recibir?

   J. R. R. Tolkien, en sus series fantásticas, se tomó en serio esta enseñanza bíblica cuando comentó la costumbre del Hobbit en una fiesta de cumpleaños. En el libro, la persona cuyo cumpleaños se celebra disfruta enormemente de la fiesta repartiendo regalos a todos sus amigos.

5 Lea Hebreos 10:32-36. Este es un pasaje realmente notable.

   A. ¿Cuál debe ser la actitud de un siervo cuando le roban sus posesiones?

B.. ¿Por qué debe exhibir esta actitud?

C. A menudo, somos poseídos por nuestras posesiones. Dios procura que «mantengamos el flujo». En vez de embalses, hemos de ser canales por los que fluyen sus bendiciones.

El siervo debe tener la actitud de compartir recursos.

6. La actitud de corazón del siervo ante las circunstancias

A. Lea Filipenses 1:12-14. Pablo ha estado encarcelado aproximadamente cinco años, los dos últimos en Roma. Pero trasciende sus circunstancias. Mencione las cosas positivas que Pablo ve en su encarcelamiento.

B. Lea 1 Tesalonicenses 5:18 y Efesios 5:20. ¿Cómo se deben entender estos versículos? (Marque una de las siguientes).

i. Debemos dar gracias sólo algunas veces.
ii. Debemos dar gracias sólo cuando las cosas son fáciles y divertidas.
iii. Debemos dar gracias sólo cuando las cosas se hacen a nuestra manera.
iv. Debemos dar gracias la mayoría de las veces.
v. Debemos dar gracias cuando sentimos que debemos hacerlo.
vi. Debemos dar gracias sólo cuando sabemos que nuestras circunstancias fueron orquestadas por Dios.
vii. Debemos dar gracias siempre y por todo.

7. El siervo ha de dar gracias en todas las circunstancias

8. La actitud del siervo para con sus colaboradores
   A. Lea Hechos 19:18 y Santiago 5:16. ¿Qué indican estos pasajes que deben practicar los cristianos?
   B. No seamos románticos pensando que los cristianos no pecan. «Pues todos han pecado [en el pasado] y están privados [en el presente] de la gloria de Dios». (Romanos 3:23). Sus amigos le fallarán. Espérelo. Sopórtelos.

   C. Mencione las actitudes que hemos de tener para con otros siervos.

      i. Efesios 4:1-3

      ii. Efesios 5:21

      iii. Romanos 14:3-4

La actitud del siervo para con sus compañeros debe ser: confesión de faltas, sumisión mutua, aceptación y búsqueda de unidad.

Tiempo aparte...

Tómese tiempo esta semana para meditar en y/o memorizar:

No hagan nada por egoísmo o vanidad; más bien, con humildad consideren a los demás como superiores a ustedes mismos. Cada uno debe velar no sólo por sus propios intereses sino también por los intereses de los demás. La actitud de ustedes debe ser como la de Cristo Jesús. Filipenses 2:3-5

Su parte...

«La actitud de ustedes debe ser como la de Cristo Jesús.»

1. Identifique las áreas de su orgullo (volcado en sí mismo) que le impiden asemejarse más a Cristo.

2. Si estudia esto en grupo, pida a Dios que conceda a los miembros del mismo una actitud de corazón y servicio de siervos.

3. Sea especialmente sensible a las personas esta semana. Busque a alguien que esté en necesidad y pida que, como el buen samaritano, usted le muestre compasión y misericordia.

4. Tome nota de su actitud de corazón, compasión, misericordia, posición y servicio en el Diario de servicio que usó en la sección SU PARTE del capítulo dos.

NUEVE

La conducta del siervo

Último Capítulo...

En el capítulo sobre motivación para servir, vimos que nuestras vidas como siervos brotan de la gracia de Dios: hemos sido salvos para poder servir. En el capítulo sobre el contexto para el servicio, descubrimos que somos hijos de Dios; hijos que han de vivir en el poder de esa relación e imitar al Padre. En el último capítulo, vimos que hemos de tener la misma actitud que «El siervo», Jesucristo.

Avance...

Todos estos capítulos nos conducen al tema presente: la conducta del siervo. ¿Cómo ha de ser nuestro comportamiento? ¿Cuál debe ser nuestro carácter moral?

Conocer y hacer...

Veremos que hemos de afirmar un estilo de vida piadoso delante de un mundo que observa. Identificaremos un área de nuestra vida en la que cultivar un nuevo hábito.

Estudio...

Estas son preguntas importantes para siervos que viven, como nosotros, en una sociedad particularmente amoral. Los eslóganes de «autogratificación» abundan: «haz lo que te plazca», «hazlo si te agrada y te hace sentir bien», «hazlo si resulta», «hazlo a tu manera» y «tú eres el primero».

¿Estamos exentos, los cristianos, de vivir conforme a esta mentalidad? ¿Puede una persona tener el llamado vocacional de servir y, al mismo tiempo, asemejarse al mundo?

Esta actitud humanista de relativismo moral centrado en el yo (moralidad basada en la opinión personal y no en la revelación divina) se ha infiltrado, desgraciadamente, en la Iglesia. Los cristianos han sufrido al menos dos clases de influencia:

Normalmente (consciente o inconscientemente) aceptamos como nuestras las normas de conducta mundanas.

y/o

Solemos reaccionar al relativismo moral del mundo creando nuestro *propio* relativismo moral. Si hacemos esto, nuestro cristianismo pasa a ser una serie de indicaciones: «haz esto», «no hagas aquello» aunque no figure en la Escritura.

Los siervos de Cristo no deben imitar la conducta moral del mundo ni reaccionar creando sus propias normas de conducta. Los siervos de Cristo deben procurar imitar la conducta de Cristo, modelo de varón santo y piadoso.

Comparaciones de la conducta del siervo

Para ver cómo debe ser la conducta del siervo, veamos cómo *no* debe ser.

1. La conducta del siervo frente a la conducta del hombre natural.

   Lea Tito 3:1-5 y compare la conducta del hombre piadoso con la del hombre impío, natural.

Piadoso	Natural
A.	A.
B.	B.
C.	C.
D.	D.

E.	E.
F.	F.
G.	G.

Fíjese, en el versículo 5, que somos salvos por su misericordia, no por nuestra conducta. Fíjese también en que el hombre impío afronta la vida desde una perspectiva humanista. Asegura que no hay Dios… y después actúa como si no lo hubiera.

2. La conducta del siervo frente a la conducta del hipócrita.
   La conducta del hipócrita es radicalmente distinta de la del siervo. Su conducta difiere, también, de la del hombre impío, ya que el hipócrita afirma que *hay* Dios… pero no actúa como si lo hubiera.
   A. El siguiente fragmento pertenece a *Shadow of the Almighty* (*Sombra del Todopoderoso*), de Elisabeth Elliot. Primero cita al apóstol Juan y después escribe acerca del principio piadoso de la obediencia ejemplificado por su marido, Jim Elliot, misionero mártir.

> Sólo cuando obedecemos las leyes de Dios podemos estar realmente seguros de que le conocemos. El hombre que pretende conocer a Dios pero no obedece sus leyes no sólo es mentiroso, sino que vive engañado. En la práctica, cuanto más aprende un hombre a obedecer las leyes de Dios, más verdadera y plenamente le expresa su amor. La obediencia es la prueba que confirma si realmente vivimos «en Dios» o no. La vida del hombre que profesa vivir en Dios debe exhibir el sello de Cristo.

«Estas palabras, escritas en el año 90 A. D. en la primera epístola de Juan, encarnan la radicalidad de la vida de Jim Elliot. La obediencia conduce al conocimiento. La obediencia es la expresión de amor a Dios. La obediencia significa que uno vive en Dios. Y si vivimos en Él, nuestra vida lleva el sello de Cristo».[19]

A. Mas el hipócrita se auto-engaña; pretende conocer a Dios, pero no es obediente. La hipocresía genuina es asegurar que algo es verdadero y actuar como si no lo fuera. Para «llevar el sello de Cristo» tiene que darse una correlación entre lo que se profesa que es verdad y la manera de vivir.

B. Si somos honestos con nosotros mismos, veremos que a menudo nos hallamos en la categoría del hipócrita. Lea Lucas 18:9-14. Debemos exclamar con el recaudador de impuestos:

El siervo es llamado a andar de manera digna

1. La Biblia usa las frases «anden de manera digna» y «condúzcanse de una manera digna».

«Andar» o «conducirse» hacen referencia a un estilo de vida. Nuestro estilo de vida o conducta debe ser digno de algo.

¿Qué significa la palabra «digno»?

A. Procede de la palabra griega «AXIOS».

B. La palabra castellana «axis» procede del griego. Significa segunda vértebra cervical.

C. «AXIOS» significa literalmente «digno de aprecio», «comparable» «estimable», «que vale la pena».

D. La imagen que evoca «AXIOS» es una balanza de mercado. El comerciante establece el valor de su mercancía con la balanza. Un platillo de la misma sostiene el producto (grano, por ejemplo). El otro las pesas.

Tanto el comerciante como el comprador precisan cerciorarse del «valor» o precio de la mercancía.

2. Según vayamos avanzando en este capítulo veremos que Dios nos ha concedido algo y nos llama a «andar como es digno» de su don, a exhibir una conducta comparable al valor de su don.

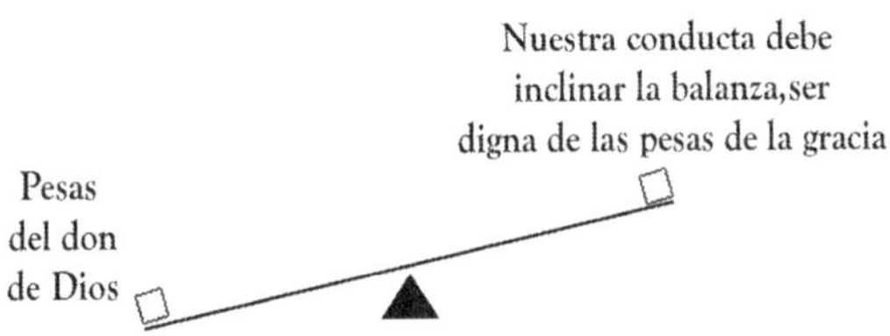

3. Lea Efesios 4:1-3; Filipenses 1:27; Colosenses 1:10; y Tesalonicenses 2:10-12. Mencione los dones con que debemos andar dignamente.

A. Dones de Dios:

B. ¿Cómo el andar de manera digna de ellos influye en nuestro estilo de vida y conducta?

3. ¿Es posible lograr completamente el equilibrio de la balanza y ser digno del don de Dios? ¿Por qué o por qué no?

Si usted no cree que es posible ser completamente digno de su don, ¿cree que deberíamos siquiera intentar «andar dignamente»? ¿Por qué o por qué no?

4. Otra manera de ver la relación entre el llamado de Dios y nuestro estilo de vida —nuestro «digno andar»— se puede observar en el siguiente par de versículos. Lea los pasajes y rellene las respuestas.

   A. Efesios 1:4 – Dios nos ha escogido para que…

      Efesios 4:24 – …y pónganse el ropaje de la nueva naturaleza…

   B. Efesios 1:5 – Dios nos ha predestinado para…

      Efesios 5:1 – Por tanto…

5. En su misericordia, Dios ha declarado que ciertas cosas son verdaderas para el creyente en Cristo. Hemos de vivir —«andar dignamente»— en la realidad de esas verdades. Complete las siguientes listas:

DIOS DECLARA:	POR TANTO, HE DE VIVIR:
Soy su hijo	una vida piadosa.
Estoy a su vista	____________________.
Soy ________ por Él	amablemente.
Tengo esperanza en Él	____________________.
Tengo perdón	____________________.
Soy________________	virtuosamente.

Resumen: La conducta de Dios armoniza con su carácter. Si estamos en armonía con Dios por Jesucristo, se reflejará en nuestra conducta. El siervo es libre, por medio de Cristo, para «andar dignamente».

La naturaleza de la conducta del siervo — santidad

La primera carta de Pablo a Timoteo está redactada en un tono de padre a hijo, de un cristiano maduro a un cristiano reciente, de un siervo experimentado a un siervo joven. En esta carta, Dios nos muestra la naturaleza de la conducta del siervo a través de las vidas de Pablo y de Timoteo.

1. Lea 1 Timoteo 3:14-15. ¿Por qué escribe Pablo esta carta a Timoteo, el joven siervo?

2. Lea 1 Timoteo 4:12. Aunque Timoteo es joven, hay muchos motivos para fijarse en él. Pablo anima a Timoteo a dar

ejemplo de persona piadosa. ¿En qué aspectos llama Pablo a Timoteo a ser un ejemplo?

3. En términos de conducta piadosa, el tema de esta carta abarca dos áreas —carácter general y relaciones.

   A. Carácter general: Pablo instruye a Timoteo a buscar hombres piadosos para que dirijan la iglesia de Éfeso. En sus instrucciones, menciona las cualidades morales-espirituales de la piedad. Dado que Pablo usa estas cualidades de carácter como normas para la santidad, deben ser consideradas características deseables para todos los siervos, no sólo los líderes de iglesia.

Lea 1 Timoteo 3:1-7. Mencione esas cualidades piadosas de carácter en sus propias palabras.

   A. Relaciones:

      i. Lea 1 Timoteo 5:1-2. En sus propias palabras, describa la conducta del cristiano por lo que respecta a estas cuatro relaciones básicas:

         a. Varones mayores

         b. Varones jóvenes

         c. Mujeres mayores

         d. Mujeres jóvenes

      ii. Use una concordancia o diccionario bíblico para estudiar la palabra «pureza». Escriba una definición.

Considerando el clima moral de nuestro tiempo, ¿qué implicaciones se derivan de 1 Timoteo 5:2 en cuanto al trato a las mujeres jóvenes?

Desarrollo de la conducta del siervo

La piedad o la santidad no es algo que ocurra automáticamente. Es como aprender a andar o a conducir un vehículo; requiere tiempo, esfuerzo y práctica. El Espíritu Santo de Dios está presente, dentro del creyente, proporcionándole el poder, el motivo y el ejemplo. Pero la responsabilidad del creyente es colaborar con Dios y cultivar la conducta de un siervo.

1. El «método»

A. Use un diccionario para estudiar las palabras «discípulo» y «disciplina». Escriba una definición de estas palabras:

i. Discípulo

ii. Disciplina

B. Use una concordancia o diccionario bíblico para estudiar las palabras «ejercitar» o «instruir», que aparecen en 1 Timoteo 4:7-8. ¿Qué significa esta palabra?

Fíjese que el concepto básico de la palabra es la disciplina.

C. ¿Qué relación hay entre las siguientes?

i. Discipulado y disciplina

ii. Disciplina y santidad

2. La «práctica»
   Dios nos ha concedido un principio triple para practicar una conducta piadosa. Lea Romanos 12:1-2 y Efesios 4:22-24.

   En cada uno de estos pasajes, Pablo describe un proceso triple para cambiar una conducta impía por una conducta santa. Si es necesario, haga un bosquejo de cada pasaje que le ayude a entender lo que Dios está diciendo.

   En sus propias palabras, escriba la triple relación hallada en estos pasajes.

Tiempo aparte...

Tómese tiempo para meditar en y/o memorizar los siguientes pasajes:

> Por eso yo, que estoy preso por la causa del Señor, les ruego que vivan de una manera digna del llamamiento que han recibido. Efesios 4:1

Su parte...

1. La evaluación personal proporcionada en el Apéndice 1, al final del libro, es una combinación de los rasgos relacionales mencionados en 1 Timoteo 5:1-2 y las características de la piedad mencionadas en 1 Timoteo 3:1-9 y Tito 1:5-11. Le resultará útil para evaluar las cualidades y las debilidades de su propia vida. Se incluyen cinco copias idénticas. Rellene una para sí mismo. Entregue una copia a su mejor amigo, otra a un miembro de su familia y otra a su pastor o líder. Pida a cada uno de ellos que sea sincero y le devuelva la hoja lo más pronto posible.
2. Valiéndose de las hojas, escoja un área de debilidad en su conducta y aplique el triple principio que descubrió en la Sección 2 sobre la santidad.

A. Nombre el hábito impío de que debe DESPRENDERSE:

B. Escriba varios pasajes de Escritura sobre el tener la MENTE DE CRISTO acerca de este asunto.

C. Nombre el hábito piadoso con que debe REVESTIRSE:

3. Pida a Dios ayuda y a un amigo que le anime.

4. ¿Qué le muestra la hoja acerca de su mayor cualidad? ¿Cómo debe usarla para ayudar a los que sirve?

5. ¿Qué le muestra la hoja acerca de su mayor debilidad? ¿Cómo pueden otras personas ayudarle en este aspecto?

Arranque las Hojas de Evaluación Personal del final de este manual. Haga copias y distribúyalas con arreglo a las instrucciones de la sección SU PARTE, en la parte ya vista.

DIEZ

Las personas a quienes servimos

Último capítulo...

En el capítulo anterior hemos examinado cómo debe ser el estilo de vida del siervo de Cristo y cómo podemos andar de una manera digna de su llamamiento.

Avance...

Al acercarnos al final de esta serie, nos centraremos en dos cuestiones importantes: «¿a quién servimos?» y «¿cómo servimos?» En este capítulo, abordaremos la primera pregunta —«¿a quién servimos?».

Conocer y hacer...

Entenderemos que hemos de servir a todo tipo de personas. Identificaremos a algunas fuera de nuestro círculo de amistad a quien podamos servir de manera práctica.

Estudio...

En la canción de Bob Dylan «Slow Train Coming» (Un tren lento se acerca), él observó un abanico de hombres y concluyó que, no importa quien sea, «uno tiene que servir a alguien. Puede ser al diablo, o puede ser al Señor; pero tiene que servir a alguien».

> El apóstol Pablo hizo la misma aseveración hace 2.000 años. Lea 1 Tesalonicenses 1:9.

Somos por naturaleza una raza egocéntrica. Sin embargo, Cristo vino a servir. Como seguidores suyos, nuestro servicio ha de volcarse en los demás. En primer lugar, hemos de servir a nuestro Creador y Redentor; y en segundo lugar, a nuestro prójimo.

Prioridad #1 — servicio a Dios

1. Lea el Salmo 100.

   A. ¿A quién debemos servir? (vs. 2)

   B. ¿Cómo hemos de servirle? (vs. 2)

   C. ¿Por qué hemos de servirle? (vs. 5)

2. Lea Colosenses 3:23.

   A. ¿De qué manera hemos de realizar nuestro servicio?

   B. ¿Para quién debemos hacerlo?

   C. ¿Para quién no debemos hacerlo?

3. Como aprendimos en la lección sobre motivación para servir, el motivo prioritario debe ser el agradecimiento a Dios por su amor.

   A. Lea 1 Juan 4:19. «Nosotros amamos porque_________.

   B. Lea Colosenses 3:17. «Y TODO lo que hagan, de______ o de________, háganlo en el nombre del Señor Jesús, dando gracias a __________».

Dios es el objeto primordial y prioritario de nuestro servicio.

DIOS

Adoramos a Dios sirviéndole y sirviendo a otros; también le servimos cuando le adoramos. A veces, la actividad de servir desvía la atención del centro del círculo —Dios—. Debemos recordar que Él desea nuestros tiempos de oración, alabanza y lectura de su palabra, y también nuestro servicio. Lea el Salmo 119:15-16. ¿Qué significa esto para su vida?

Prioridad #2 — servicio a la familia

En la Gran Comisión (Mateo 28:16-20) el Señor afirma: «Se me ha dado toda autoridad en el cielo y en la tierra». Esta autoridad que delega en sus discípulos significa literalmente «libertad para servir». Normalmente pensamos que la autoridad es poder para dirigir. Pero Cristo nos ha hecho «libres para servir».

1. La familia de Dios:

Dios establece la prioridad de servir a los creyentes. Lea 1 Tesalonicenses 5:14-15 y Gálatas 6:10. ¿Cuál es esa prioridad?

2. La familia humana:

A. Lea Efesios 5:22, 25 y Efesios 6:1-4. ¿Qué miembros inmediatos de la familia sirven? ¿A quién sirven?

______sirve_____y______sirve_____sirve______y_____ sirve__

Esto se resume en Efesios 5:21, que dice: «________________».

B. Lea 1 Timoteo 5:4, 8, 16. ¿Le importa a Dios que cuidemos de nuestras familias? Si no lo hacemos, ¿qué dice de nosotros?

Aunque nuestro servicio debe centrarse en Dios, el segundo círculo de servicio es la familia —la familia de Dios y nuestra «propia» familia:

Prioridad #3 — servicio a nuestros semejantes

La tercera prioridad es servir a nuestros semejantes —los que no pertenecen a la familia de la fe—. ¿Cuán grande debe ser este círculo? ¿Cuáles son sus límites?

1. Lea Romanos 1:14.

    A. ¿Con quién está en deuda Pablo?

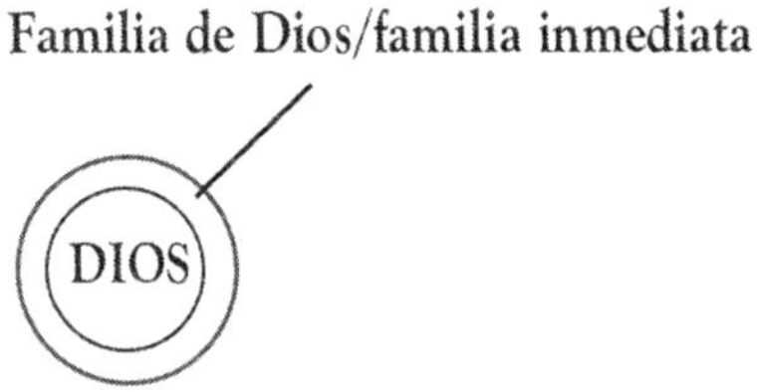

    B. En su opinión, ¿por qué está en deuda?

2. Lea 1 Corintios 9:19-23. ¿Cómo influyó esta verdad al estilo de vida de Pablo?

3. Lea Génesis 1:27. Fíjese que las Escrituras enseñan que todos los hombres han sido creados a imagen de Dios. Debemos tratar a todos como dignos portadores de su imagen. ¿Ofrece este pensamiento motivación suficiente para servir a nuestros semejantes?
4. Lea Gálatas 5:13-14. Somos libres en Cristo. No debemos ______________sino_____________________________________

5. Lea Lucas 10:25-37, la parábola del Buen Samaritano.

A. En los versículos 25-26, un experto en la ley judaica intenta poner a prueba a Cristo. Le pregunta: «¿Qué tengo que hacer _______________?» Esta es una pregunta académica. Considerando el idioma original y la mentalidad cultural, la cuestión se puede formular mejor así: «¿Qué debo de hacer para obtener vida eterna?» Cristo, como de costumbre, no respondió directamente, sino que planteó otra pregunta: «¿Qué está escrito en la ley?» El hombre de leyes respondió citando Deuteronomio 6:5 («Ama al Señor tu Dios con todo tu corazón, con todo tu ser, con todas tus fuerzas, y con toda tu mente») y Levítico 19:18 («Ama a tu prójimo como a ti mismo»). Note la relación existente entre la manifestación de amor a Dios y al prójimo.

B. Cristo reconoció que el hombre de leyes *conocía* la respuesta correcta a la pregunta académica (Lucas 10:28). Pero ahí no quedó la cosa. El mero entendimiento intelectual no le bastaba al hombre de leyes, ni tampoco nos basta a nosotros hoy. No debemos suponer que basta con conocer la respuesta académica correcta.

C. Lea Levítico 18:5, a lo que hace referencia Jesús en su conversación con el hombre de leyes, cuando dice: «Haz eso y vivirás». Su respuesta no fue académica, sino práctica. En el texto griego, esta respuesta tenía más fuerza, ya que significa: «te mando que ames a Dios y a tu prójimo continuamente —en cada momento del día— y tendrás vida eterna».

   i. ¿Es esto posible?

   ii. ¿En qué lugar dejó esta respuesta al letrado?

iii. Lea Lucas 10:29. ¿Qué intentó hacer el letrado?

Para esto, el letrado planteó una segunda cuestión académica —¿y quién es mi prójimo?—. El letrado pensó que si Jesús definía «prójimo» como «mi mejor amigo» o «mi vecino» podría cumplir las condiciones. Pensó: «Con límites suficientes, puedo cumplir los requisitos para ir al cielo».

D. Lea Lucas 10:30-35. Para responder al letrado, Cristo relató la parábola del Buen samaritano.

i. Imagínese a estos dos «buenos» dirigentes religiosos acercarse a ese judío apaleado y ceremonialmente impuro. Se dan prisa para ir a cumplir sus obligaciones religiosas. Pensando en sí mismos, probablemente intentan justificar su falta de respuesta aplicando esta regla: «¿Es éste mi ____________? ¡___!».

ii. Por otra parte, el samaritano ve al judío herido, su enemigo natural, y se compadece de él. Se debió preguntar: «¿No será este hombre mi ______________?».

iii. ¿Qué pregunta tiende usted a hacerse cuando ve u oye a una persona en necesidad?

iv. ¿Enuncia usted de otra manera la pregunta anterior para sí mismo, cuando intenta justificar el rehusar tender la mano a una persona en necesidad?

E. Lea Lucas 10:36-37. Jesús respondió la pregunta del letrado haciéndole otra. Fíjese en las dos preguntas:

i. Pregunta del letrado: «¿____________ es mi prójimo?

ii. Pregunta de Cristo: «¿________de estos DEMOSTRÓ SER su prójimo?

F. Cristo cambió el significado de «prójimo» de pasivo a activo. Cambió de pregunta académica a operación *práctica*:

i. «Al prójimo»

ii. «Hacer de prójimo»

iii. «Ser prójimo»

G. En Lucas 10:36-37, Jesús implica que «prójimo» no es el herido judío, sino el amable samaritano, porque éste «hace de prójimo». La respuesta a la pregunta de Cristo respecto a quién de los tres hombres fue prójimo del herido describe la *actividad* de samaritano. ¿Qué hizo el samaritano?

H. Esta actividad fue dedicada a un judío, enemigo natural del samaritano. El teólogo John Stott dijo: «El intento de reducir el número de los que tenemos que amar y servir es una postura farisaica, no cristiana».[20]

I. «¿Quién es nuestro prójimo?» —la persona necesitada que Dios pone en nuestro camino— «¿Quién es el prójimo de la persona necesitada?» —somos nosotros, en tanto la servimos y la ayudamos en su necesidad. No debemos tener «complejo de salvador» y creer que tenemos que librar a todo el mundo de sus problemas; pero debemos obedecer a Dios y responder adecuadamente a las necesidades genuinas y oportunidades de servicio que Él nos concede.

Nuestro círculo de servicio se parece ahora a éste:

Idea más cabal de los prójimos a quienes servimos

Hemos visto que debemos servir a Dios, a las familias cristiana e inmediata y a nuestros «prójimos». Dentro del círculo de servicio al prójimo, se nos manda concretamente servir al extranjero, al marginado, al enemigo y al pobre y necesitado.

1. El extranjero

Otra palabra que ayuda a definir a quien servimos es «hospitalidad».

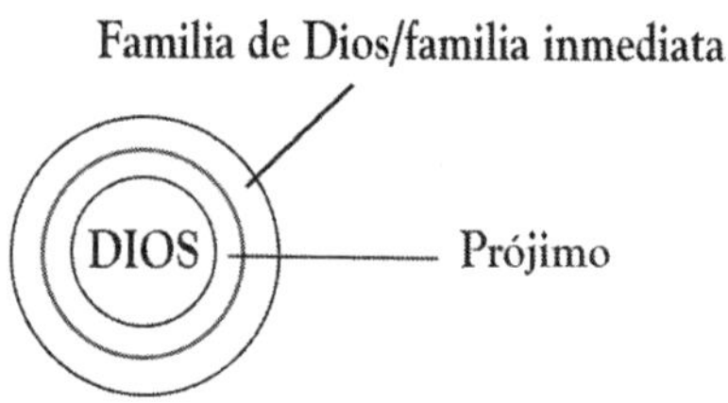

A. Use un diccionario. Defina «hospitalidad» y busque sinónimos.

B. La palabra «hospitalidad» procede del griego «FILOXENOS». ¿Qué podemos aprender del significado de «hospitalidad» en los tiempos en que fue escrito el Nuevo Testamento? He aquí el significado de sus raíces griegas:

i. FILO — amante de, aficionado a; el que tiene afecto por

ii. XENOS — extranjero, forastero, extraño

«FILADELFIA» significa «amante del hermano», «FILANTROPÍA» significa «amante de la humanidad», «FILOSOFÍA» significa «amante de la sabiduría». Dé el significado preciso a «FILOXENOS, palabra que se traduce como «hospitalidad».

C. ¿Cuál es, entonces, la diferencia entre nuestra idea y la idea bíblica de hospitalidad?

D. El servicio al prójimo incluye el servicio al extranjero:

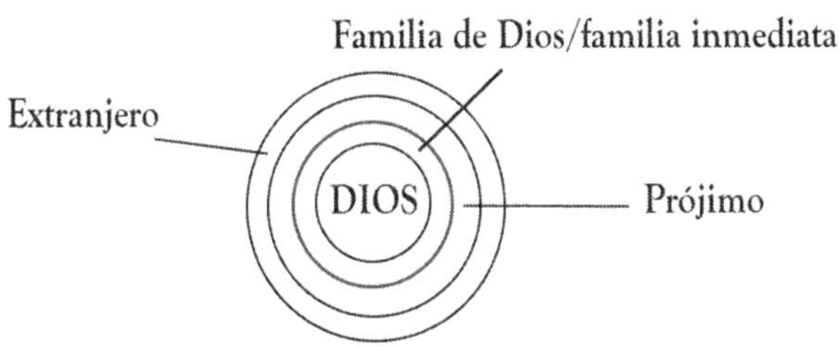

2. El marginado

A. Lea Hechos 10:1-48.

i. Como buen judío, ¿qué actitud tuvo Pablo hacia el gentil? (vs. 14, 28)

ii. ¿Cree usted que Pedro oyó a Jesús hablar del «buen samaritano»?

iii. En caso positivo, ¿qué debió aprender de esa ilustración?

iv. ¿Insinúa Hechos 10:9-17 que Pedro aprendió la lección?

v. ¿Somos nosotros también, a veces, lentos en comprender las verdades de Dios?

vi. ¿Cuántas veces tuvo Pedro esta visión?

vii. ¿Cómo respondió Pedro? (vs. 17a)

viii. ¿Qué circunstancias orquestó Dios para enseñar a Pedro esta lección práctica? (vs. 17b-22)

B. ¿Puede usted identificar algunas personas a quienes considera «impuras»? (Ejemplos: gente con ciertos estilos de vida o creencias; gente de cierta procedencia étnica, social o racial; gente con ciertas enfermedades, problemas o limitaciones; o gente de cierta edad).
¿Es capaz de orar para que Dios le dé un corazón dispuesto a servir a los «marginados»?

Los marginados, las personas «impuras», constituyen nuestro tercer círculo de servicio:

3. Nuestros enemigos

El llamado del siervo va más allá de servir a los que no conoce (extranjeros) y a aquellos con quienes no tiene buena relación (marginados). Cristo nos llama a un estilo de vida que el mundo califica de ridícula —¡amar a nuestros enemigos!— Una cosa es amar a los amigos, y otra muy distinta servir a los que nos aborrecen. Peor aún es descubrir que Dios desea que sirvamos y amemos a personas que ni siquiera nos gustan.

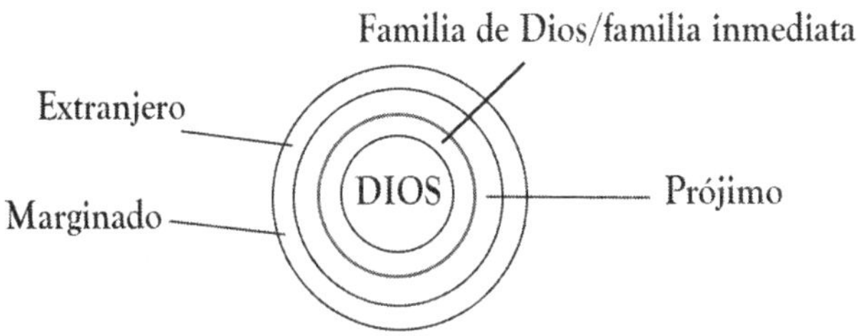

Nuestro Señor describe la mentalidad del siervo en el Sermón del Monte. Lea esta descripción en Mateo 5:3-48 y Lucas 6:20-49. El siervo ha de ir ***más allá de la reciprocidad.***

A. La «reciprocidad tiene lugar cuando dos personas mantienen un intercambio similar de acciones y emociones la una con la otra».
   i. La «reciprocidad fue enseñada por los judíos humanistas de los tiempos de Cristo. En Mateo 5:43 se mencionan dos formas de reciprocidad»:

      a. Recompensa: «____________________________tu prójimo».

      b. Venganza: «_____________________».

ii. Samuel Johnson dijo que «la amabilidad suele ser recíproca; deseamos agradar a otros porque nos complacen». ¿Es esto verdad en su vida?

iii. Cite dos ejemplos de reciprocidad que propone Cristo en Mateo 5:46-47.

a.

b.

B. El llamado de Cristo sobrepasa la reciprocidad y llega al «ÁGAPE», que es un amor que da, sin esperar recibir nada. El amor ÁGAPE exige amar a las personas unilateralmente, nos sirvan y nos amen o no. Cristo quiere que sus seguidores imiten su amor y su servicio, que no sean vengativos. Cristo usa, en Mateo 5:44, la gran palabrita «PERO» para presentar su enseñanza. ¿Qué enseña Él acerca de la relación con nuestros enemigos?

C. Lea Lucas 6:27-31. En estos versículos aparecen siete posibles adversarios. Compare la respuesta natural del hombre —represalias— con la respuesta piadosa —iniciación al amor y el servicio:

	Respuesta del hombre:	Respuesta piadosa:
Tipos de personas	<u>Represalia</u>	<u>Iniciación</u>
Enemigos	Odiar	__________
Aborrecedores	__________	hacer bien

Maldicientes	__________	__________
Abusadores	aprovecharse	__________
Mendigos	evitar	__________
Ladrones	__________	no pida que le devuelvan sus bienes.

Siempre que sufrimos una ofensa o imposición deberíamos reaccionar de «la mejor manera para la persona que nos ofendió» y no como mejor se satisfaga nuestra inclinación natural de venganza.

En el tercer círculo de servicio al prójimo está el servicio al enemigo:
4. El pobre y el necesitado

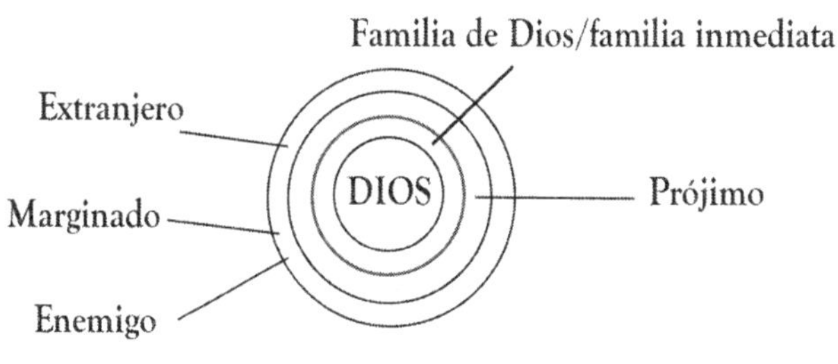

La Biblia contiene mucha enseñanza acerca de nuestra responsabilidad para con el pobre y el necesitado. Dios ama profundamente a estos y nosotros hemos sido claramente llamados a responder.

A. Lea Santiago 2:15-18. ¿Cómo hemos de tratar a la persona físicamente necesitada?

B. Lea Santiago 1:27. ¿Cite dos categorías de personas necesitan la ayuda del Cuerpo de Cristo?
i.

ii.

¿Espera Dios que les sirvamos?

C. Lea Isaías 58:6-7. ¿De qué otras personas necesitadas se preocupa Dios? Dios también acepta esto como servicio a Él. A decir verdad, asegura que ésta es la clase de ____________ que Él ha escogido (vs. 6).

D. Lea Mateo 25:31-46. ¿Qué categorías de pobres y necesitados menciona el Rey?
Cuando servimos al necesitado, ¿hacemos algo necesario a los ojos de Dios? ¿Hacemos algo más de lo que parece? Si es así, ¿qué? ¿Hace Jesús algo más que amar al necesitado? ¿Se identifica con él? ¿Qué significa esto?
Teresa de Calcuta, de las Hermanas de la Caridad, describió a las personas a quienes servía:

> «Los rechazados, los moribundos —para nosotras son Jesús. Porque Dios no puede mentir—. Y Jesús dijo: «Este es mi Cuerpo. Todo lo que hagáis al más pequeño de mis hermanos, me lo hacéis a mí». Así que tocamos veinticuatro horas al día su Cuerpo sufriente, de forma encubierta y a menudo terrible… le tocamos con nuestra compasión».[21]

Hemos descubierto que somos llamados a servir a los pobres y necesitados y que esto es (a) fe en acción, (b) religión pura y sin mácula, (c) el ayuno que Él ha escogido y (d) un servicio al mismo Rey.

E. ¿Qué efectos acarrea no servir al pobre y necesitado? (Lea Mateo 25:45-46a)

F. ¿Qué efectos acarrea servir al pobre y necesitado?

i. Ser obedientes a Dios y servirle.
ii. Las personas a quienes servimos necesitan menos que antes.
iii. Los necesitados pueden aprender maneras de ayudarse a sí mismos y a otros.
iv. Pueden hacerse cristianos.
v. Podemos aprender mucho de ellos.
vi. Cite los beneficios mencionados en Isaías 58:8-14.
vii. Cite los beneficios mencionados en Mateo 25:46b.

El extranjero, el marginado, los enemigos, y los pobres y necesitados —todos han sido creados a imagen de Dios— son la misma imagen de dios. Todos deben estar incluidos en el círculo exterior de los que están en necesidad —nuestro prójimo.

Resumen: ¿a quién servimos?

Hemos visto que servimos a Dios, nuestras familias, hermanos creyentes, así como a otros en necesidad.

1. El servicio que prestamos al hombre es sencillamente una manifestación de amor al Padre y de gratitud al Hijo.

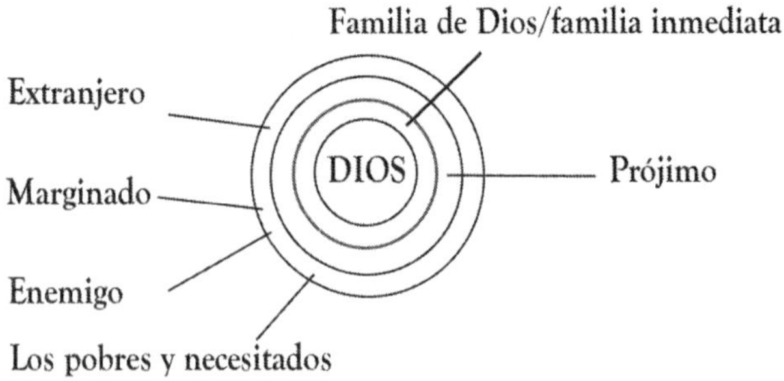

2. El hombre natural trata de restringir los límites de su servicio. («¿Cuál es la menor cantidad de servicio exigido?» y «¿qué reconocimiento recibirá por haberlo prestado?»).

3. No obstante, Cristo invirtió el orden de las cosas y enseñó que el servicio no debe conocer límites. («¿Cuánto servicio puedo hacer?», «¿A quién puedo servir?»).

Tiempo aparte...

Tómese tiempo para meditar en y/o memorizar el siguiente pasaje:

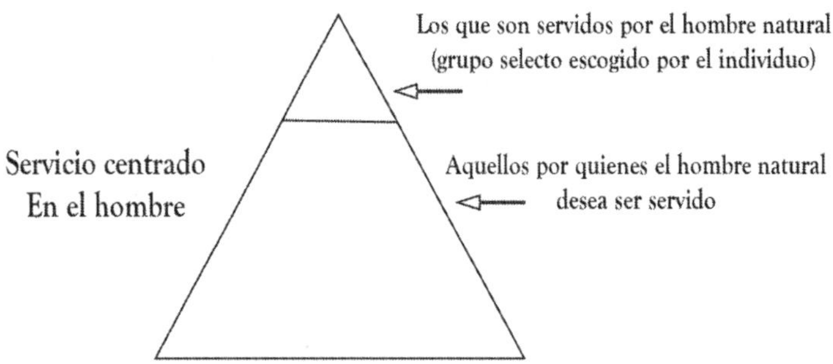

> Nosotros amamos a Dios porque él nos amó primero. Si alguien afirma: «Yo amo a Dios», pero odia a su hermano, es un mentiroso; pues el que no ama a

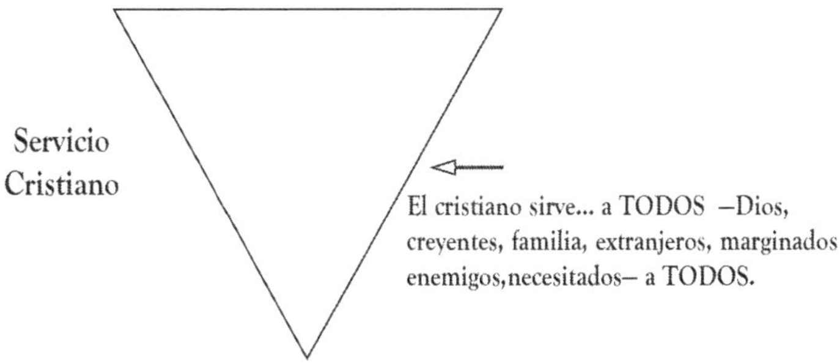

> su hermano, a quien ha visto, no puede amar a Dios, a quien no ha visto. Y él nos ha dado este mandamiento: el que ama a Dios, ame también a su hermano. 1 Juan 4:19-21

Avance...

¿Se dará cuenta un mundo observador que usted sirve a Dios por la manera en que se relaciona con Él, con su familia, los creyentes, los extranjeros, los marginados, los necesitados y los que procuran su mal? ¿Cómo le gustaría comunicar su fe a un mundo que observa?

Ore y pida a Dios que le guíe. Pida al Espíritu Santo que le muestre personas a quienes debe servir.

1. Piense en alguien que está fuera de su círculo de amigos:

   A. Un extranjero (alguien a quien usted no conoce)

   B. Un marginado (una persona o grupo contra quien usted tenga prejuicios)

   C. Un enemigo (alguien con quien haya experimentado rotura de relaciones; tensión, amargura o sentimientos negativos —quizás un miembro de su familia, amigo, miembro de equipo o figura de autoridad).

   D. Una persona necesitada

2. Ore por esa persona o grupo de personas. Pida a Dios que le ayude a servirles esta semana. Si tiene con ellos relaciones rotas, dispóngase a pedir perdón a Dios y a ellos. Remate la faena con perdón y servicio. Tal vez tenga que pedir apoyo de otros en oración o servicio.

ONCE

La obra del siervo

Último Capítulo...

Al acercarnos al final de este estudio sobre el servicio, pidamos a Dios que el Espíritu Santo use estos capítulos para que cada uno de nosotros se asemeje más a nuestro Señor y siervo, Jesucristo. Hemos visto que no se debe limitar el círculo de personas a quienes se sirve. Todos los hombres portan la imagen de Dios y nuestro Señor ha manifestado que «todo lo que hagan por uno de mis hermanos, aún por el más pequeño, por mí lo hacen»; por lo tanto, cuando ministramos, lo hacemos a Cristo y damos gracias al Padre por su salvación.

Avance...

En este capítulo, vamos a echar un vistazo a la obra del siervo. ¿Qué debemos hacer? Cristo nos ha llamado a ser siervos, pero ¿cómo hemos de servir?

Conocer y hacer...

Veremos que hay muchos elementos comunes en el servicio, pero también hay tipos de servicio únicos basados en los dones y capacidades del siervo. Empezaremos identificando las áreas en las que estamos especialmente dotados para servir.

Estudio...

Ser un siervo es fundamentalmente cuestión de estilo de vida. Es el funcionamiento de nuestra vida. No se nos vota para que lleguemos a ser siervos. El servicio no es voluntario. En esto, todos somos iguales. El servicio es nuestra común vocación.

No obstante, hay un segundo elemento, esto es, somos personas únicas con talentos, intereses y capacidades individuales. Hemos de funcionar como siervos con arreglo a nuestra personalidad. Examinaremos la obra del siervo desde estas dos perspectivas:

1. el servicio es una asignación común para los creyentes.

2. el servicio se lleva a cabo dentro del marco de la individualidad de cada creyente.

La comunidad del servicio

1. Servir es común a todos los cristianos

La obra del siervo es la asignación que todos los cristianos tienen en común. Como hemos visto, «cristiano» y «siervo» son sinónimos. El Salmo 100 exhorta: «Cantad alegres a Dios, habitantes de toda la tierra.

Servid a Jehová con alegría;
Venid ante su presencia con regocijo». (RV-1960)

Esta vocación es el llamado común de los cristianos; y también de la creación.

2. El servicio es común en todas las relaciones

La obra del siervo es común. Ocurre en todas las relaciones.

A. En las más básicas relaciones de la vida, el servicio de Cristo se manifiesta en la manera en que nos relacionamos con los que nos rodean. En el capítulo 10 vimos que cada miembro de la familia ha de servir a los otros. Lea Colosenses 3:17-22 y vea como sirve *cada* uno:
vs. 18 —esposas

vs. 19 —maridos

vs. 20 —hijos

vs. 21 —padres

vs. 22 —esclavos/empleados

B. El cristiano ha de servir a todas las personas, en cualquier situación. Ninguna situación es insignificante ni extraordinaria y ninguna persona es demasiado importante o pequeña.

3. El servicio es común en su obra

La obra del siervo es común —es trabajo que cualquiera puede hacer.

A. 1 Corintios 10:31 recuerda que hemos sido llamados a hacerlo todo para la gloria de Dios, incluso las cosas más cotidianas.

i. ¿Qué cosas se mencionan como ejemplos para hacer?

jj. ¿Por qué cree usted que Pablo escogió ejemplos comunes en lugar de ejemplos poco corrientes?

B. El cristiano es llamado a *dignificar* lo que el mundo llama manual.

Una vez, en un viaje a través del país, una familia se detuvo en una gasolinera de los años 30 en las montañas Rocosas. Esperando encontrar suciedad y malos olores, el padre entró en el aseo de varones y halló un servicio inmaculadamente limpio, con un florero repleto de flores frescas. El encargado de la gasolinera demostró conocer algo del carácter de Dios.

C. Vuelva al capítulo uno. Fíjese en las tres palabras principales que usa el Nuevo Testamento para «siervo». Repáselas, escríbalas o medite en su significado.

   i. doulos

   ii. diakonos

   iii. therapon

   Note que estas palabras definen tareas manuales o comunes. Si servimos del modo que describen estas palabras, imitamos a Cristo y le servimos.

D. «Las cosas que hizo Jesús fueron de orden manual y común, lo cual es una indicación de que necesito el poder de Dios en mí para hacer las cosas más comunes a su manera. ¿Puedo usar una toalla como hizo Él? Toallas y palanganas y sandalias revelan mejor que nada de qué estamos hechos. Es preciso que Dios Todopoderoso, encarnado en nosotros, haga la tarea más humilde como se debe hacer».[22]

E. Haga una lista de tareas que considera manuales —fregar platos, cavar zanjas, limpiar aseos, etc.

F. Dios nos llama a servir como podemos hacerlo. Lea Marcos 14:3-9.

i. ¿Qué hizo la mujer? (vs. 3)

ii. ¿Cómo calificó Cristo su acción? (vs. 6)

iii. ¿Qué dijo Cristo que esa acción sencilla acarrearía a la mujer? (vs. 9)

iv. ¿Cómo describe Cristo lo que ella hizo? (vs. 8a)

v. Si un acto de servicio es superior a nuestras fuerzas y somos incapaces de realizarlo, debiera ser por carecer de capacidad. Pero si tenemos la capacidad y no servimos, ello se debe a…

G. Nadia Boulanger, pianista y maestra:

«No hay nada aburrido en la vida excepto nosotros mismos. El trabajo más humilde no tiene por qué ser aburrido. Recuerdo a Madame Duvall, la anciana que limpiaba los suelos donde yo vivía en Gargenville. Pienso en ella con profundo respeto y reverencia. Tenía 80 años. Un día llamó a mi puerta y dijo: "Señorita, sé que no le gusta que la molesten, pero le ruego que venga a ver cómo brilla el suelo"».
«Creo que Stravinsky y Madame Duvall comparecerán delante del Señor por la misma razón. Ambos hicieron lo que debían hacer en conciencia. Cuando le conté esto a Stravinsky, quien conocía a Madame Duvall, declaró:

"Usted me adula, porque cuando yo hago algo, tengo algo que ganar. Pero *ella* sólo espera hacerlo bien"».[23]

H. A veces, la educación y la instrucción no nos equipan para servir, pero sí la disposición, la humildad y el deseo de aprender. En esta tarea, la disposición es mucho más importante que la habilidad. Hay otro elemento dinámico —¡no estamos solos!

i. Lea Hechos 4:13. ¿Qué les fue reconocido a Pedro y a Juan?

ii. Lea Hebreos 13:20-21. ¿Con que nos equipa Dios?

(Tenga en cuenta que Dios aplica el mismo poder que resucitó a Cristo de los muertos para equiparnos).

iii. Lea Juan 14:26. ¿Cómo nos equipa el Espíritu Santo?

I. El «ayuno escogido por Dios» (servicio aceptable) es trabajo de siervo. Consulte de nuevo Isaías 58:1-7. En este pasaje, Isaías condena la rebelión y la pecaminosidad del pueblo de Dios. Se arrepienten y buscan a Dios ayunando y «humillándose». Él condena su ayuno y les aclara lo que entraña su ayuno escogido. Mencione las características de cada ayuno:

<u>El ayuno escogido del hombre</u> (vs. 3-5)	<u>El ayuno escogido de Dios</u> (vs. 6-7)
i. ____________________	____________________
ii. ____________________	____________________
iii. ____________________	____________________
iv. ____________________	____________________

J. Tanto en el Antiguo como en el Nuevo Testamento, se aprecia que Dios juzgará a su pueblo en función de si ha llevado a cabo o no su tarea de servicio asignada. Eche otro vistazo a Mateo 25:34-40 y fíjese cómo juzgará Jesús a todos los pueblos de la tierra según el servicio que le prestaron.

   i. ¿De qué maneras dice Jesús que los justos le sirvieron? (Mateo 25:35-36)

   ii. ¿En cuál de estas maneras ha servido usted en el último mes? Puede responder de una manera literal o figurativa. Por ejemplo, puede haber visitado a alguien en la cárcel —encarcelado detrás de barras o presa de la depresión.

   iii. Si no ha servido de estas maneras, ¿cuáles han sido los obstáculos para la prestación de dicho servicio?

4. El servicio tiene una base común —el amor.

   A. Lea 1 Juan 3:16-18.

      i. ¿Cómo sabemos lo que es el amor? (vs. 16a)

      ii. Por tanto, ¿qué debemos hacer? (vs. 16b)

      iii. ¿Cómo no debemos amar? (vs. 18)

      iv. ¿Cómo debemos servir/amar? (vs. 18)

      v. ¿Qué implicaciones se siguen para el hombre que tiene bienes de este mundo el ver a su hermano padecer necesidad pero no se compadece? (vs. 17)

vi. ¿Cuáles son algunas de las cosas que hemos de compartir?

	Tenemos	Nuestro hermano tiene...
a.	Conocimiento médico/ayuda	Enfermedad
b.	Conocimiento	Ignorancia
c.	___________	___________
d.	___________	___________

vii. ¿El contar con estos recursos supone responsabilidad para el siervo? (Lea Mateo 25:21)

B. Lea 1 Corintios 13:4-8a.

Este pasaje describe el estilo de vida del siervo en relación con otras personas.

En la siguiente tabla, anote cada una de las características del amor y ponga un ejemplo práctico.

	Característica:	Ejemplo práctico:
i.	_______________	_______________
ii.	_______________	_______________
iii.	_______________	_______________
iv.	_______________	_______________

v. ________________ ________________

vi. ________________ ________________

vii. ________________ ________________

viii. ________________ ________________

5. El cristiano debe ser siervo en cualquier situación, con todo lo que es y todo lo que tiene. El servicio es una tarea común de gran valor a los ojos de Dios.

La singularidad del servicio individual

Cada uno de nosotros tiene la misma vocación de servicio. No obstante, diferimos en los dones individuales, intereses y destrezas con que servimos. Dios nos ha concedido a cada uno dones espirituales (Romanos 12:6; 1 Corintios 12:4, 11; y Efesios 4:8). También nos ha concedido ciertos intereses «naturales» y capacidades, cosas que forman parte de nuestro carácter y personalidad que no son comunes a todos los cristianos. Estos intereses, talentos y dones espirituales señalan la dirección de nuestro «servicio único». Teniendo esto en cuenta, ¿cómo hemos de hacer la obra del servicio?

1. Unidad y diversidad en el cuerpo de Cristo

   A. Lea 1 Corintios 12:4-6. La iglesia —unidad del cuerpo de Cristo— se compone de muchas partes (diversidad).

   B. Según este pasaje, hay…

	Distintas clases de	Pero el mismo
i.	________________	________________
ii.	________________	________________
iii.	________________	________________

La Trinidad es un ejemplo de unidad-diversidad. En cada versículo Pablo hace referencia a una Persona distinta de la Trinidad.

C. 1 Corintios 12:4-6 implica una infinita variedad de combinación de dones, servicios y efectos. Cada cristiano ha recibido al menos un *don*. Muchos ministerios o *servicios* distintos pueden fluir de ese don y cada uno de esos ministerios en particular pueden ejercer decenas de miles de *efectos* en otras vidas.

D. Lea 1 Corintios 12:7 y Efesios 4:11-13. ¿Qué objeto tiene la variedad de dones?

Debemos complementar a otros en el cuerpo de Cristo. Al mismo tiempo, debemos afirmar nuestros dones y estilos únicos de servicio. Somos libres en Cristo. No tenemos por qué copiar el don de otro. Cada persona es singular, irrepetible. Dios no crea «clones».

2. Sus dones singulares

¿Cuáles son sus dones y capacidades singulares? ¿Qué hace que su servicio sea especial? ¿Qué tipo de trabajo tiene el Padre preparado para usted?

A. Lea Juan 17:4. Dios tenía una obra específica para Cristo. Lea Gálatas 1:15-16. ¿Qué dijo Pablo acerca de su llamamiento?

B. Además de la voluntad general de Dios para nosotros (nuestro servicio común), tiene también una voluntad específica para cada uno (nuestro servicio especial). Lea Romanos 12:3-8.

Este pasaje proporciona algunas directrices para descubrir nuestra área especial de servicio.

i. Evaluación (Romanos 12:3) —«Piense de sí mismo con __________». Como vimos antes, hemos de evaluarnos de forma precisa. Tenemos que vernos como Dios nos ve… No tener un concepto más alto o más bajo del que debemos tener de nosotros mismos.

ii. Coordinación (Romanos 12:4-5) —«Nosotros, siendo muchos, formamos ______________». Hemos de tener en cuenta que nuestro servicio especial alcanza su potencial cuando se complementa y coopera con el servicio de otros. Hemos de colaborar, integrarnos y coordinarnos.

iii. Participación (Romanos 12:6-8) —«Que lo use en proporción a ______». Nuestro don especial ha de ser usado, compartido en ministerio con otros cristianos y con el prójimo. Hay una relación directa entre la medida de nuestra fe y el uso de nuestros dones. La participación en el ministerio exige que usemos los dones que hemos recibido —cuanta más fe tengamos, más útiles serán nuestros dones.

C. Dios nos ha hecho especiales por una razón. Tiene un lugar para cada uno a fin de que todos ministremos. Dele gracias por su creatividad.

En la sección de aplicación de esta lección hay un ejercicio sencillo para ayudarle a descubrir el servicio especial que Dios tiene para usted.

Manifestación de servicio

1. Dios nos manifiesta su servicio

   A. Lea Juan 3:16. «Porque tanto amó Dios al mundo que…».

      i. Sería muy distinto si este versículo finalizara después de la palabra «mundo».

      ii. ¿Qué diferencia hay? La palabra «que». Dios amó tanto al mundo que hizo algo al respecto. «Que» alude a la manifestación o demostración de su amor.

   B. Manifestar es simplemente tomar algo verdadero en un sentido no material y demostrar esa verdad de una manera física.

   C. En el cuadro de Miguel Ángel sobre la creación, en el techo de la capilla Sixtina, Dios acaba de crear a Adán. Eva está en la mente de Dios y aún no ha sido creada. Si Dios hubiera dicho: «Tengo en mente una esposa para ti», ¿Cuán distinto hubiera sido para Adán? ¿Cómo cree usted que hubiera reaccionado Adán si Dios sólo la hubiera tenido en mente?

   D. Si Dios hubiera dicho: «Tengo en mente un plan de salvación», ¿de qué hubiera servido? Si Dios sólo hubiera dicho: «Tengo una gran idea», ¿dónde estaríamos hoy?

E. Lea los siguientes versículos:

   i. 1 Juan 4:9. ¿Cómo nos manifestó Dios su amor?

   ii. Juan 5:17, 14:8-10. ¿Cómo manifestó Cristo al Padre?

2. La manifestación de servicio del siervo

A. Antiguamente, Dios se manifestó a través de los profetas, y después, de su Hijo Jesucristo. Ahora ha escogido manifestarse —darse a conocer— a través de la iglesia, el cuerpo de Cristo.

B. En Hebreos 11:1 encontramos esta declaración: «La fe es la garantía de lo que se espera, la certeza de lo que no se ve».

   Watchman Nee ha explicado que la fe consiste en dar sustancia a las cosas que afirmamos ser verdaderas. Afirmamos que Cristo es Señor y la fe da sustancia a esta afirmación por nuestra manera de vivir.

C. Lea 1 Juan 2:4-6. ¿Cómo manifestamos (damos sustancia al hecho) que servimos a Dios?

D. Lea Mateo 25:31-40. ¿Cómo manifestamos (damos sustancia al hecho) que servimos a Dios?

E. Dios manifiesta su amor para con nosotros. Nosotros podemos manifestar nuestro amor por Él a través de nuestro servicio, tanto en tareas comunes como en ministerios únicos.

Tiempo aparte...

Tómese tiempo para meditar en y/o memorizar el siguiente versículo:

Por lo tanto, hermanos, tomando en cuenta la misericordia de Dios, les ruego que cada uno de ustedes, en adoración espiritual, ofrezca su cuerpo como sacrificio vivo, santo y agradable a Dios. No se amolden al mundo actual, sino sean transformados mediante la renovación de su mente. Así podrán comprobar cuál es la voluntad de Dios, buena, agradable y perfecta. Romanos 12:1-2

Su parte...

1. Ore. Pida al Espíritu Santo que le dé dirección y sabiduría.

2. En una hoja aparte, haga una lista de cosas que le gusta hacer. (Incluya las cosas que le interesan pero para las que no tiene habilidad especial. Incluya todo lo que se le ocurra: cocinar, leer, hablar, carpintería, caminar, etc.).

3. En otra hoja de papel, haga otra lista de cosas que hace bien. (Incluya las cosas que puede hacer bien, pero que no le atraen particularmente. Anote todo lo que se le ocurra: contabilidad, cuidado de la casa, aprendizaje de lenguas, aconsejar, etc.).

4. Pregunte a personas cercanas a usted (amigos, familiares, pastor, etc.) que evalúen los dones espirituales que ven en usted. Incluya también lo que sus amigos le hayan dicho anteriormente.

5. Estas tres evaluaciones —intereses, capacidades y dones espirituales— deben aportar alguna dirección a su área de servicio único. Asegúrese de coordinarlos en el cuerpo de Cristo y procure oportunidades de participar —usarlos— diariamente.

6. Comience a ser más consciente de la responsabilidad que tiene de usar sus dones. Haga las cosas que hace bien; compártalas con otros. Si le gusta el horno, cueza pan y déselo a alguien. Si tiene el don de enseñar la palabra, comience a discipular a alguien o a dirigir un estudio bíblico. Escoja un área especial de servicio para la que esté dotado y use su don.

7. Pida a alguien que ore y se ponga de acuerdo con usted acerca de su área de servicio. Use sus dones esta semana. Rinda cuentas a su compañero de oración en esta área.

DOCE

¿Dónde servir?

Tiempo aparte...

Hay un tema, en esta serie de lecciones, que debería ser evidente a estas alturas. En la primera sesión sobre la ambición, vimos que tenemos un llamado al servicio. Desde entonces, hemos visto que servir ha de ser un estilo de vida. Así pues, no hemos de preguntarnos: «¿Quién es mi prójimo?», sino «¿qué necesidad hay?». Hemos visto recientemente que el servicio es la asignación común de todos los cristianos, común a todas las relaciones y común en su tarea.

Avance...

En este capítulo vamos a tratar la cuestión: «¿Dónde he de servir?». A la luz de todo lo que hemos venido aprendiendo, la respuesta es: «Dondequiera que esté». Examinaremos lo siguiente:

1. El asunto del despliegue: No quién, sino dónde.

2. El asunto del acoplamiento: No de, sino en

3. El asunto del compromiso: No cuándo, sino ahora

Conocer y hacer...

Veremos que no tenemos que salir al extranjero para ser siervos. Practicaremos la consagración allá donde estemos.

Estudio...

Planes de la gente

¿Cuáles son algunas de las excusas para no comprometerse con las misiones? ¿Qué preguntas tenemos que responder para que la gente se comprometa y participe en el servicio/misiones?

1. Mencione cinco cuestiones típicas.

   A.

   B.

   C.

   D.

   E.

2. ¿Cuáles de estas preguntas coinciden con las suyas? ¿Qué cosas le apartan del servicio/la misión?

El asunto del despliegue

A menudo, se crea una división no bíblica entre los ámbitos físico y espiritual. Según esta dicotomía, lo espiritual se considera superior, bueno y sagrado, mientras que lo físico se considera inferior, malo y profano. Esto es mentalidad griega, no bíblica.

Esto se expresa actualmente en la idea del «ministerio cristiano a tiempo completo». El que sale de misiones, desempeña función pastoral o labor eclesiástica se considera «plenamente cristiano». Esta idea no es bíblica y lleva a la conclusión de que todos los demás cristianos trabajan a tiempo parcial».

No hay diferencia de principio, ya que todos los cristianos han de servir «a tiempo completo» al Señor. Es una diferencia de *despliegue.* Cada uno es enviado y colocado en distinta posición estratégica de servicio. Hemos de ser siervos allá donde seamos desplegados.

1. Lea Efesios 6:5-8.

   A. ¿Se dirige Pablo a pastores y misioneros?

   B. ¿A quién se dirige?

   C. ¿Cómo debe hacer esta persona su «trabajo seglar»?

   D. ¿Cuántas veces en estos cuatro versículos da Pablo la misma instrucción?

   E. ¿Por qué cree usted que Pablo dijo esto tantas veces?

2. Jeremy Jackson hizo una excelente observación en *No Other Foundation* (No hay otro fundamento). Declaró:

   «...la preparación más básica para el servicio a tiempo completo, en el sentido ordinario, es reconocer que NO HAY MÁS ALTO LLAMAMIENTO QUE LA OCUPACIÓN PRESENTE [énfasis añadido]. Es decir, si uno no está totalmente dedicado a Dios en este momento, no hay ninguna razón para suponer que llevando el manto de un pastor, misionero, u otro, uno se transforme milagrosamente en un siervo dedicado».[24]

3. ¿Qué significa esto para usted como estudiante, carpintero, padre, ingeniero, estudiante, médico, misionero, conductor de autobuses, etc.?

El asunto del acoplamiento: no de, sino en

1. Hebreos 11 da una definición de la fe, poniendo ejemplos de los fieles del Antiguo Testamento. ¿Queda claro que eran peregrinos? Lea Hebreos 11:13-16.

   A. ¿Qué confesaron? (vs. 13)

   B. ¿Qué buscaban? (vs. 14)

   C. ¿Qué tensión experimentaron ellos y qué misma tensión experimentamos nosotros hoy?

   D. ¿Qué maravillosa respuesta da Dios a los peregrinos? (vs. 16)

2. Lea Colosenses 3:1-4.

   A. ¿En qué debemos concentrar nuestra atención? (vs. 1-2)

   B. ¿Por qué es este nuestro enfoque? (vs. 3)

3. Nuestra relación con el mundo

A. La palabra «mundo» aparece 110 veces en los Evangelios —77 veces en el evangelio de Juan—. Con una sola excepción, Juan emplea la palabra griega «KOSMOS», de donde procede la palabra «cosmos» o «universo». Esta palabra tiene un sentido amplio (toda la creación) y un sentido restringido (una persona o individuo). Lea Juan 8:12 y 9:5. ¿Quién dijo Jesús que era y qué vino a hacer por el mundo?

B. Lea Juan 12:35-36. ¿Qué quiso Cristo que fueran e hicieran sus seguidores?

C. Lea Juan 3:16-17. A veces personalizamos este pasaje pidiendo a una persona que ponga su nombre en lugar de «el mundo», declarando que: «Tanto amó Dios a ____________, que dio a su Hijo unigénito, para que ______________ no se pierda, sino que tenga vida eterna». Escriba su nombre y dé gracias al Padre por su regalo de amor profundo por usted.

   Ahora nos tomaremos la libertad de personalizar este versículo de distinta manera: «Porque Dios amó tanto al mundo que envió a ____________ al mundo…». Escriba su nombre.

D. Hemos de estar *en* el mundo pero no ser *del* mundo. Lea Juan 17:13-23.

   i. ¿Adónde nos ha enviado Cristo? (vs. 18)

ii. ¿Por qué nos ha enviado al mundo? (vs. 20, 23)

iii. Para que esto ocurra, ¿por qué cosa ora Cristo? (vs. 15)

iv. Aunque Cristo nos quiere en el mundo, ¿qué declara acerca de nosotros?

v. Como siempre, la Biblia establece un equilibrio «en», pero no «de». Nuestros estilos de vida se deben definir por ese equilibrio. A menudo, nos desviamos hacia un lado o hacia el otro.

   El peligro de desviarse hacia un lado es que estamos tanto «en» el mundo que nos hacemos de parte «él». Este es el proceso de secularización. El cristiano y la Iglesia dejan de distinguirse del mundo.

   Por otro lado, se corre el peligro de que, huyendo «del» mundo, se abandone el mundo. Este es el estado del separatismo o la vida monacal. Esta opción abandona la plaza pública y se protege con programas tras las paredes de sus edificios.

4. Como cristianos, debemos enfocarnos en la residencia celestial y darnos cuenta de que somos peregrinos en la tierra. Nuestro apego a Cristo nos libera para estar *en* el mundo, pero no pertenecer *a* él.

El asunto del compromiso: no cuándo, sino ahora

El último mandamiento de Cristo a sus discípulos antes de su muerte fue que debían servir. Su última instrucción antes de su ascensión fue que ocuparan terreno y se extendieran en nombre del Rey. (Véase Hechos 1:8). Debían esperar la venida del Espíritu Santo; pero después, ya no tendrían que esperar un «cuando» futuro. Se les encargó, como se nos encarga hoy, el servir «ahora».

1. Lea Lucas 19:11-27. En esta parábola, Cristo preparó el terreno para el mensaje previo a su ascensión y la asignación a sus siervos hasta que Él volviese.

   A. ¿Qué esperaban los discípulos? (vs. 11)

   B. El ministerio público de Cristo comenzó con la proclamación de Juan el Bautista de la venida del Rey y la inminencia del Reino. Antes de su muerte los discípulos esperaban que Cristo se revelase como Rey, creyendo que no tenían más que esperar su porción de autoridad (Lucas 19:12).

   C. En Lucas 19:13, ¿qué encargó el noble a sus siervos que hicieran?

   El mensaje de Cristo es claro. Los discípulos no han de esperar pasivamente, preguntándose cuándo será su venida. Deben actuar responsablemente. Han de negociar hasta que «yo venga» (Lucas 19:13).

La palabra griega «PRAGMATEUOMAI» significa «comerciar», «ocupar», «negociar». Deriva del verbo «PRASSO», que significa «practicar, ejecutar repetida o habitualmente, ejecutar, realizar, hacer, cometer».

Cristo presenta la imagen de un Rey que va a recibir un Reino. Y sus siervos han de aprovechar los recursos que les ha concedido e invertirlos en el país como preparación para la venida del Monarca. Tanto el Rey como sus siervos tienen tareas que hacer para preparar el Reino.

D. Resulta claro que los siervos de Cristo tienen la responsabilidad de establecer la cabeza de playa para ocupar la tierra y hacer retroceder a los enemigos del Rey.

2. Último mensaje de Jesús a sus discípulos

A. Lea Mateo 28:18-20, «la Gran Comisión». Note la relación entre la realidad de la autoridad de Cristo (vs. 18) y la responsabilidad del siervo (vs. 19-20).

B. ¿De dónde ha recibido su autoridad Cristo? (vs. 18)

C. Por tanto, ¿qué pide Cristo a sus discípulos que hagan? (vs. 19-20)

D. Piense en el lugar más lejano a su casa que se pueda imaginar. ¿Dónde está?

Si fuera «más allá», a un lugar que le asustase, (puede ser el centro urbano de la gran ciudad en que vive), ¿dónde sería?

Vaya más allá hasta el lugar en que Cristo no le acompañaría. ¿Dónde sería?

E. ¿Cuánto tiempo estará Cristo con nosotros? (vs. 20)

F. No hay lugar ni tiempo —no importa cuán alejado esté (oscura jungla o gueto urbano) o cuán cercano (la casa de un vecino)— en el que Cristo no esté con nosotros y procure estar presente a través de nosotros.

G. Debemos buscar la presencia de Cristo en cada momento de nuestra vida. Como Jonás, Dios nos puede llamar a nuestra «Nínive», no obstante, Él quiere que «seamos» ______________ dondequiera que estemos.

H. A Jim Elliot, joven misionero, mártir en Ecuador, le preguntaron por qué se trasladaba a Ecuador cuando había tantas necesidades en los Estados Unidos. Respondió: «¿Cómo puedo dejar de hacerlo? Se me ha ordenado ir (Mateo 28:19-20) y no tengo llamado para quedarme». ¿Qué cree usted que quiso decir?

3. Mensaje de Jesús previo a su ascensión

A. Lea Hechos 1:6-9. Estas son las palabras del Cristo Resucitado justo antes de ascender al cielo.

B. ¿Qué querían saber los discípulos? (vs. 6)

C. ¿Qué dijo Cristo que no necesitábamos saber? (vs. 7)

D. ¿Qué dijo Cristo que recibirían los discípulos? (vs. 8)

E. ¿Qué quería que hiciesen sus discípulos? (vs. 8)

F. ¿Qué relación hay entre Hechos 1:7 y Hechos 1:8? ¿Por qué cambió Cristo el enfoque de los discípulos?

G. La palabra griega «MARTUS» significa «testimonio». Se usa en sentido judicial, como el que dan los testigos ante un tribunal de justicia.

i. Piense en un juicio. ¿A qué son llamados los testigos?

ii. ¿Qué determina si un testigo es bueno o malo?

iii. ¿Qué palabra cree usted que deriva del griego «MARTUS»?

iv. ¿Cómo cree usted que la palabra llegó a tener este significado?

v. Note en Hechos 1:8 los lugares en que los cristianos pueden testificar. Note que se da una progresión hacia fuera del testimonio, desde donde estamos hacia el resto del mundo.

4. La cuestión que nos incumbe es el compromiso, no en un tiempo o lugar futuro, sino ahora. Jim Elliot solía decir: «dondequiera que esté, esté con todo su ser». Francis Schaeffer, de la comunidad L'Abri, solía decir: «La manera en que uno trata a las personas en el breve instante que transcurre mientras se desliza por una puerta rotatoria anuncia al mundo lo que cree acerca de ellas».[25] ¿Qué intentaron decirnos estos hombres?

Resumen: Todos somos desplegados para servir; no hemos de estar apegados al mundo; hemos de implicarnos en ocupar territorio para nuestro Rey dondequiera que estemos. Con esta descripción de tareas, nuestro Salvador nos envía para representarle en un mundo doliente.

Tiempo aparte...

Tómese tiempo para meditar en y/o memorizar el siguiente pasaje:

> Jesús se acercó entonces a ellos y les dijo: Se me ha dado toda autoridad en el cielo y en la tierra. Por tanto, vayan y hagan discípulos de todas las naciones, bautizándolos en el nombre del Padre y del Hijo y del Espíritu Santo, enseñándoles a obedecer todo lo que les he mandado a ustedes. Y les aseguro que estaré con ustedes siempre, hasta el fin del mundo.
> Mateo 28:18-20

Su parte...

Tómese una hora de quietud aparte, sin teléfono, televisión ni gente. Medite y ore. Haga uno de/o estos dos ejercicios:

1. Cierre sus ojos y use su imaginación.

   A. Imagínese Juan 3:16-17. Visualice a Dios el Padre enviando a su Hijo al mundo. Imagínese a Cristo andando, hablando y ministrando a la gente.

   B. Lleve a Cristo a su mundo, a la «plaza pública» de la vida. Sígale mientras ministra a las personas que usted conoce.

   C. Ahora visualice a Cristo tocando a las personas a través de su vida.

2. En ese tiempo de quietud, pregúntese:
   A. ¿Estoy donde Dios quiere que esté?

i. ¿Quiere Él que yo esté en el extranjero o en un país en vías de desarrollo? ¿He obedecido su mandato de ir?

ii. ¿Me ha llamado Él a «quedarme»? ¿Estoy aquí con «todo mi ser»? ¿Estoy cumpliendo la aventura que Él tiene para mí al destinarme a ocupar el lugar en que estoy?

iii. ¿Soy yo un «sostenedor»?

iv. ¿Estoy apoyando activamente a los que han ido?

B. ¿Estoy dispuesto a ir? ¿Estoy dispuesto a estar con «todo mi ser»?

C. ¿Estoy entregado a Cristo? ¿Estoy entregado y plenamente implicado con la venida de su Reino?

TRECE

El compromiso del siervo

Último Capítulo...

En los últimos capítulos, vimos cómo, a quién y dónde hemos de servir. También observamos que nuestra tarea consiste en servir en todas partes, comenzando en las circunstancias y encuentros cotidianos y llegando incluso a los rincones más difíciles del mundo.

Avance...

En este capítulo veremos de nuevo ejemplos de apatía y falta de compromiso de parte de nuestra sociedad y de la Iglesia. Examinaremos nuestra disposición a involucrarnos. Veremos que la fe exige acción y compromiso —no apatía— para ocupar la tierra para la venida del Rey.

Conocer y hacer...

Entenderemos que cada vida marca una diferencia para instaurar el Reino. ¡Celebremos juntamente su venida!

Estudio...

La crisis de compromiso

Vivimos tiempos de tremendo sufrimiento y necesidad.

El 18 de marzo de 2005, le fue retirada la sonda de alimentación a la joven de Florida Terri Schiavo. Trece días después, el 31 de marzo murió de deshidratación. Con esta resolución de los tribunales, EEUU dio un paso más en su danza con la muerte. La decisión de matar a Terri es sólo un paso más que sigue a la legalizada matanza por conveniencia de los bebés no nacidos, autorizada por la resolución del caso Roe contra Wade, del Tribunal

Supremo, en enero de 1973 —decisión que condujo al asesinato legalizado de más de 49 millones de niños en EEUU.

En febrero de 2003, el gobierno de Sudán, por medio de una milicia delegada, inició una campaña de limpieza étnica contra árabes nómadas en la región de Darfur, Sudán occidental. Se estima que en los tres años siguientes fueron brutalmente asesinadas 450.000 personas. Miles de niños murieron a consecuencia de la hambruna y las penalidades ocasionadas por la guerra. Y todo ello se produjo sólo una década después del genocidio de Ruanda de 1997, que ocasionó cientos de miles de víctimas —genocidio que los líderes del mundo prometieron no tolerar «nunca más».

En 2007, el mundo produjo más de 2 billones de toneladas métricas de alimentos, de las cuales, 1.700 millones fueron cereales. Este grano habría bastado para producir dos barras de pan diarias para cada hombre, mujer y niño del planeta. Sin embargo, ese mismo año 2007 murieron en torno a tres millones de niños por causa de malnutrición. ¿Qué falla?

Tal vez nos escandalicen estos acontecimientos, y nos preguntemos: «¿Qué puedo yo hacer? ¿Qué puedo hacer contra un dictador implacable? ¿Qué puedo hacer por tres millones de niños que fallecen cada año?».

Normalmente, respondemos que no podemos hacer «nada». Esta pregunta conduce a la parálisis, la inactividad, a desconectarse de la vida, a huir de la responsabilidad.

El problema radica en la cuestión «¿qué puedo hacer?», porque es una pregunta inadecuada. Antes de preguntarnos qué debemos hacer como individuos, tenemos que plantearnos la cuestión personal del compromiso: «¿Estoy dispuesto a servir?».

A una persona se le pueden mostrar mil necesidades y diez mil oportunidades de servicio, pero si no se compromete a servir, se seguirá preguntando «¿qué puedo hacer?». Si una persona se compromete a actuar y servir, entonces Dios le mostrará el servicio adecuado.

Por ejemplo, el caso del hambre es obvio. El año pasado se produjeron suficientes alimentos para dar de comer a más del doble de la población mundial. Con las tierras cultivables y las tecnologías actuales se puede producir comida suficiente para alimentar a una población mundial diez veces mayor. El problema no es demasiada gente o demasiada poca comida. El problema es la falta de voluntad. Hay una crisis de compromiso.

Dios llora viendo el sufrimiento del mundo. Cristo murió para librarnos de ataduras. Vivió para ofrecernos un ejemplo de cómo cuidar y servir a los otros. El Padre ha prometido la venida de Cristo para establecer su Reino. Cristo ha encargado a sus siervos ocupar la tierra hasta su regreso.

Tenemos que orar «Señor, ayúdanos a estar dispuestos a servir».

Apatía en la iglesia

El mundo sufre una crisis de compromiso. También la Iglesia está afligida por la apatía.

1. Un amigo mío asistió a una conferencia bíblica que acogió 2.000 líderes de iglesia. Eligió un taller voluntario acerca de «La Biblia y las Misiones en el mundo», impartido por un experto en misiones. Al taller asistió un puñado de personas. Después de concluir el taller, pasó delante de otro repleto con centenares de personas. Sintiendo curiosidad por el tema que había podido atraer a aquella multitud, preguntó y averiguó que se trataba de «la vida cristiana victoriosa».

   A. ¿Qué diferencia de enfoque hubo entre los dos talleres?

   B. ¿Qué revela esto?

2. Definición de apatía

A. ¿Qué es la apatía? (Use un diccionario).

B. La palabra castellana deriva de la griega «APATHEIA».

i. La palabra griega «apatheia» es una palabra compuesta por el prefijo o partícula negativa «a», que significa «in», «no» o «des» y «pathos», compasión, sentimiento, rasgo conmovedor. Lea los siguientes versículos y note la traducción de las palabras relacionadas METRIOPATHEO, SIMPATHEO Y SIMPATHES.

a. Hebreos 5:2: «(Jesús) puede (____________) con los ignorantes y extraviados, ya que él mismo está sujeto a las debilidades humanas». (NVI)

b. Hebreos 4:15: «Porque no tenemos un sumo sacerdote incapaz de (______________) de nuestras debilidades»... (NVI)

c. Hebreos 10:34: «Porque de los presos también (________________)...» (RV-1960)

d. 1 Pedro 3:8: «Finalmente, sed todos de un mismo sentir, (______________), amándoos fraternalmente...» (RV-1960)

ii. Por tanto, «APATHEIA» significa lo opuesto a compasión, simpatía y trato gentil. Se podría incluso afirmar que es lo contrario del amor ágape.

C Para resumir, solemos pensar que la apatía es pereza, indiferencia o letargo. No obstante, no es una palabra neutra sino activa. Es lo opuesto de compasión. Apatía es no sentir, no identificarse con y no actuar. Es no poner el amor en acción.

La apatía refuerza la Caída. La acepta fatalistamente. Da cabida a la inevitabilidad de la muerte de Nancy Cruzan y a la inanición de 35.000 seres humanos cada día.

3. Secularización

El sabor corporativo de la apatía es la secularización o conformidad con el mundo. La Iglesia occidental moderna se ha entrelazado tanto con el materialismo que no acierta a involucrarse proféticamente en la cultura —en pensamiento, fibra moral o acción—. Parafraseando, solemos ofrecer «el sueño americano» con el aditamento de la iglesia dominical en vez del bíblico Reino de Dios.

La secularización es un proceso que desconecta a la Iglesia de su misión de propagación del Reino. La secularización es apatía corporativa... deja a la Iglesia sin compromiso con el Señor y su Reino, marginada y sin respuesta ante la necesidad humana.

Como declara Os Guinness en *The Gravedigger's File* (El legajo del sepulturero), la apatía corporativa causa una «crisis de plausibilidad». La credibilidad de la Iglesia (la veracidad del cristianismo) se establece a través de la historia, pero su plausibilidad (su apariencia de veracidad) se establece por la acción de la Iglesia en su ministerio. Guinness asegura que hay un abismo entre la «retórica espiritual» y la «realidad social». El mundo no cree nuestro mensaje, no porque no lo proclamemos suficientemente, sino porque no lo vivimos suficientemente.[26]

El amor en acción —conocer y hacer

El amor es la consecuencia natural de nuestra fe y la experiencia del amor de Dios para con nosotros.

1. Lea 1 Juan 3:16-18.

   A. ¿Cómo sabemos que Dios nos ama? (vs. 16)

   B. ¿A qué conclusión se llega por lo que concierne al hombre que tiene recursos pero no responde a las necesidades de sus hermanos? (vs. 17)

   C. El versículo 18 declara el principio de «conocer y hacer». Escríbalo en sus propias palabras.

   D. ¿Queda claro que hemos de dedicar nuestros recursos donde esté nuestro compromiso?

2. Paulo Freire, educador brasileño, describe la relación entre conocer y hacer usando la palabra griega «PRAXIS». Declara que «la palabra viva se usa para pensar y actuar. La palabra que se usa para pensar y no actuar es mero verbalismo. La palabra con que se actúa y no se piensa es mero activismo».[27]

   Reflexión + Acción = PRAXIS
   Reflexión – Acción = VERBALISMO
   Acción – Reflexión = ACTIVISMO

3. C. S. Lewis, en *Cartas del diablo a su sobrino*, describe la incapacitación que sobreviene al cristiano que no actúa cuando

conoce la verdad. Escrutopo enseña a Orugario a socavar la efectividad del cristiano:

> «Lo mejor es impedir que haga cualquier cosa. Mientras no lo ponga en práctica, no importa cuánto piense en este nuevo arrepentimiento. Deja que el animalillo se revuelque en su arrepentimiento. Déjale, si tiene alguna inclinación en ese sentido, que escriba un libro sobre él; suele ser una manera excelente de esterilizar las semillas que el *enemigo* planta en el alma humana. Déjale hacer lo que sea, menos actuar. Ninguna cantidad, por grande que sea, de piedad en su imaginación y en sus afectos nos perjudicará, si logramos mantenerla fuera de su voluntad. Como dijo uno de los humanos, los hábitos activos se refuerzan por la repetición, pero los pasivos se debilitan. Cuanto más a menudo sienta sin actuar, menos capaz será de llegar a actuar alguna vez, y, a la larga, menos capaz será de sentir.

3. Amor es, pues, hacer por otro lo que se sabe que es mejor. Es lo contrario de la apatía —conocer, no hacer.

4. Debemos recordar que nuestra responsabilidad es llevar a cabo la tarea del siervo. No obstante, no podemos cumplir con nuestra responsabilidad sin recibir empoderamiento. Lea Juan 15:5. Note que debemos morar en Cristo para ser instrumentos a su servicio.

Venga tu reino

1. Lea el Padrenuestro en Mateo 6:9-13. Note en el versículo 10 que los aspectos presente y futuro del Reino identifican lo que enseñó Cristo acerca de cómo debemos orar.

A. ¿Por cuáles aspectos futuros hemos de orar?

B. ¿Por cuáles aspectos presentes hemos de orar?

2. Cristo es responsable del Reino futuro. Nosotros, equipados con su Espíritu residente y habilitador, somos responsables del Reino presente. Como vimos en el último capítulo, Cristo se ha ausentado para recibir su Reino. Nuestro compromiso de servir no es sólo para el futuro, sino para el presente.

Cada decisión que tomemos crea esperanza para personas que se encuentran en situaciones aparentemente irremediables. Cada postura que adoptemos crea nuevas oportunidades para que otros se involucren. Cada paso que demos ocupa nuevo territorio para Cristo.

3. El compromiso con Cristo y con su Reino debe siempre exceder nuestras distracciones. Solemos pensar y actuar como si nuestra finitud y pecado fueran mayores que Cristo y de este modo permitimos que dominen o aplasten nuestra vida. Cristo es más grande que todo. Su infinitud supera nuestras limitaciones; su santidad cubre nuestro pecado.

¿Qué temores, frustraciones, o formas de orgullo obstaculizan su crecimiento y su compromiso?

Pensamos que el progreso del Reino es responsabilidad de otro —Cristo, nuestro pastor, etc.—; decimos: «llama a otro», o «Señor, heme aquí; envía a mi hermano». Pero no; es responsabilidad nuestra.

4. Hemos de arriesgar nuestra vida y nuestros recursos. Hemos de ser «necios para Cristo», radicales, revolucionarios. El statu quo otorga seguridad, pero conduce a la persistencia del pecado y la inhumanidad. Sin embargo, el compromiso de actuar por amor a Cristo nos obliga a obedecer los principios del Rey; y ello acarrea sanidad.

5. Si trabajamos para el Rey, los objetivos del Reino pasan a ser nuestros medios. Cristo traerá justicia en su Reino, por lo que hemos de vivir vidas justas. Cristo traerá santidad a su Reino, por lo que hemos de vivir vidas santas. Cristo enjugará toda lágrima, por lo que hemos de ser consoladores. Él iluminará toda verdad, por eso hemos de perseguir la verdad. Él dará vida nueva y abundante a sus criaturas y nosotros hemos de crear vida, alegría, arte y música.

   El Dr. Larry Ward, fundador de Fundación Contra el Hambre, ha dicho que tenemos «la responsabilidad de plantar simiente de flores en campamentos de refugiados».[29] ¿Por qué? Porque Dios nos ha revelado el futuro. Y al anunciarnos el futuro nos ha revelado el presente.

6. Queda claro, Dios lo ha declarado. ¡Su Reino está cerca!

   «Nancy, venimos a ayudar… no sabemos cómo… tenemos miedo, pero venimos».

   A los Dinka decimos: «No pasará desapercibido. Actuaremos para detener el holocausto en el futuro. Lo proclamaremos desde las azoteas… ¡desenmascararemos la maldad!».

   «Pequeño, oímos vuestro clamor por alimentos. Vuestro hermano podrá haber muerto ayer, pero estamos indignados… les ayudaremos a vivir».

Compromiso

¿Y ahora qué? Si usted ha decidido levantarse como siervo humilde de Cristo, ¡es tiempo de actuar!

1. Dígale a Dios que ha escuchado su llamado y ha decidido seguirle. Luego «clávelo», para su propio beneficio, como un recordatorio físico de su compromiso —confíeselo a un amigo, escríbalo y guárdelo en su Biblia o «levante un altar» (Josué 4:1-7).

2. Súmese a otros en la iglesia, trabajo o centro de estudios que también quieran arriesgarse.

3. Identifique sus áreas fuertes de interés, carga, dones y llamado. Declare su intención y comience a actuar.

4. Identifique una iglesia, organización o grupo de creyentes que estén comprometidos a extender el Reino de Dios. Únase a ellos en su servicio.

5. Lea Juan 13:1-17. En sus propias palabras escriba la última lección práctica que el Rey-Siervo dio a sus discípulos.

Recuerde que la *toalla* es símbolo de su llamado.

Tiempo aparte...

> Te tomé de los confines de la tierra, te llamé de los rincones más remotos, y te dije: «Tú eres mi siervo». Yo te escogí; no te rechacé. Así que no temas, porque yo estoy contigo; no te angusties, porque yo soy tu Dios. Te fortaleceré y te ayudaré; te sostendré con mi diestra victoriosa. Isaías 41:9-10

Su parte...

Ame, sonría, disfrute, arriesgue y camine con Dios…

Alianza
para el
Discipulado
de las
Naciones

Fundada por:
Harvest Foundation y Food
for the Hungry International
(Fundación Cosecha y Fundación contra el Hambre Internacional)

Capacitando a la Iglesia para transformar el mundo

La Disciple Nations Alliance (Alianza para el Discipulado de las Naciones: DNA por sus siglas en inglés) forma parte de un movimiento global de personas, iglesias y organizaciones con una visión común: lograr que la Iglesia universal alcance su pleno potencial como instrumento de Dios para sanar, bendecir y transformar a las naciones.

La Disciple Nations Alliance (DNA) fue fundada en 1997 mediante una asociación entre Fundación Contra el Hambre (www.fh.org) y Harvest (www.harvestfoundation.org). Su misión consiste en influir en el modelo y la práctica de las iglesias locales en el mundo para ayudarlas a reconocer y abandonar creencias falsas, abrazar una cosmovisión bíblica robusta, instaurar verdad, justicia y belleza en cada esfera de la sociedad, y demostrar el amor de Cristo de manera práctica, respondiendo al quebranto de sus comunidades y naciones comenzando con sus propios recursos.

Si desea obtener más información sobre la Disciple Nations Alliance o acceder a diversos recursos, programas, libros, materiales de estudio e instrumentos de capacitación, visite nuestra página web.

www.disciplenations.org
E-mail: info@disciplenations.org

Apéndice — Evaluación personal

Persona evaluada: ______________________________

CARÁCTER GENERAL	SIEMPRE	A MENUDO	A VECES	RARA VEZ	NUNCA	
PACIENTE						(IMPACIENTE)
PRUDENTE						(NECIA/
VIRTUOSA						(IMPURA)
SOBRIA						(INMODERADA)
HONRADA						(INDIGNA DE CONFIANZA)
APTA PARA ENSEÑAR						(INEXPERTA EN LA PALABRA)
VIGILANTE						(NEGLIGENTE)
HOSPITALARIA						(INHOSPITALARIA)
INTACHABLE						(CORRUPTA)
AMA DE CASA ORDENADA						(REBELDE)
JUSTA						(INJUSTA)
AUTODOMINADA						INDISCIPLINADA
SANTA						(INICUA)
RESPETABLE						(IRRESPETUOSA)
PACÍFICA						(VIOLENTA)
TARDA PARA LA IRA						(DE MAL GENIO)
CENTRADA EN LOS DEMÁS						(CENTRADA EN SÍ MISMA)
LLENA DEL ESPÍRITU						(BEBEDORA/ESCLAVA DE OTRA ADICCIÓN)
BUSCADORA DEL REINO						(AMADORA DEL DINERO)
EQUILIBRADA						(CONTENCIOSA)

GENEROSA						(CODICIOSA)
RELACIONES						
A LOS HOMBRES MAYORES, COMO PADRES, CON RESPETO						(REPRENDE)
A LOS JÓVENES, COMO HERMANOS, CON RESPETO						(REPRENDE)
A LAS MUJERES MAYORES, COMO MADRES, CON RESPETO						(REPRENDE)
A LAS JÓVENES, COMO HERMANAS, CON PUREZA						(IMPUREZA)

NOTAS

1. Tetsunao Yamamori, «Toward a Simbiotic Ministry: God's Mandate for the Church Today», *Missiology: An International Review*, Vol. V, número 3 (Julio, 1977), pp. 265-274.
2. De una conversación privada con Francis Schaeffer, Comunidad L'Abri, Huemoz, Sollon, Suiza.
3. Francis Schaeffer, *No Little People, No Little Places*, (Downers Grove, IL: InterVarsity Press, 1974), p. 25.
4. Richard Foster, *Celebration of Discipline*, (New York: Harper & Row, Publishers, Inc., 1978), p. 15. (Existe edición en español: *Celebración de la Disciplina*).
5. Myron Rush, *Management: A Biblical Approach*, (Wheaton, Il: Victor Books, 1983), p. 10.
6. Schaeffer, pp. 19, 20.
7. Ibid.
8. Kefa Sempangi and Barbara R. Sempangi, *A Distant Grief*, (Glendale, CA: Regal Books, 1979), p. 133.
9. W.E. Vine, *Expository Dictionary of New Testament Words*, (Grand Rapids, MI: Zondervan, 1982), p. 131. (Existe edición en español: *Diccionario Expositivo* W.E. Vine, Editorial CLIE).
10. Ibid., p. 131
11. Foster, p. 103.
12. Roscoe Brewer, de una conferencia pronunciada en Fundación contra el Hambre, otoño 1981.
13. Foster, p. 96.
14. Oswald Chambers, *My Utmost for His Highest*, (Discovery House Publishers, 1989), p. 177. (Existe edición en español: *En pos de lo supremo*, Editorial CLIE).
15. C. S. Lewis, citado por A. E. Wilder Smith en *The Paradox of Pain*, (Harold Shaw Publishers, 1971), p. 7.
16. Mrs. Charles Cowman, *Streams in the Desert*, (Grand Rapids, MI: Zondervan, 1971), p. 279.
17. Ibid. p. 279.
18. Ibid. p. 16.
19. Elisabeth Elliot, *Shadow of the Almighty*, (New York, NY: HarperCollins, 1979), p. 11.

20. John R. W. Stott, *Christian Counter Culture: The Message of the Sermon on the Mount*, (Downers Grove, IL: InterVarsity Press, 1978).
21. D. Jeanene Watson, *Teresa of Calcutta: Serving the Poorest of the Poor*, (Fenton, MI: Mott Media, 1984), p. 69.
22. Cowman, p. 255.
23. *Wisdom of Our Time*, ed. by James Nelson, citado en Reader's Digest, diciembre 1984, "Points to Ponder", p. 58.
24. Jeremy Jackson, *No Other Foundation: The Chrurch Through Twenty Centuries*, (Wheaton, IL: Good News Publishers, 1980), pp. 245-246.
25. Francis Schaeffer, de una conversación con el autor en la comunidad L'Abri, en 1968.
26. Os Guinness, *The Gravedigger's File: Papers on the Subversion of the Modern Church* (Downer's Grove, IL: InterVarsity Press, 1983), p. 143.
27. Paulo Freire, *Pedagogy of the Oppressed*, (New York, NY: The Seabury Press, 1968), p. 75.
28. C. S. Lewis, *The Screwtape Letters* (New York, NY: MacMillan Publishing Company, 1961), p. 71. (Existe edición en español: *Cartas del diablo a su sobrino*, Ediciones RIALP).
29. Dr. Larry Ward en una alocución a la Junta Directiva de Fundación contra el Hambre en 1984.